PETRINA ENGELKE
UND KAI BLUM

USA

151

CON
BOOK.

INHALT

ÜBER DIESES BUCH

Während wir dieses Vorwort schreiben, sind die Buchkapitel fast fertig. Monatelang haben wir immer wieder neu über mögliche Themen diskutiert. Dabei hatten wir schon eine Liste mit 178 Einträgen, als wir unsere allerersten Themenideen zusammenfügten; nur drei davon kamen doppelt vor.

Dass uns in den USA so unterschiedliche Dinge auffallen, kommt nicht von ungefähr. Einer von uns, Kai Blum, wanderte vor 25 Jahren aus dem Osten Deutschlands in den Mittleren Westen der USA aus und wohnt heute in Chicago. Die andere, Petrina Engelke, kommt aus Westdeutschland und lebt seit zehn Jahren in New York. Mit den Jahren sind wir kreuz und quer durch die Vereinigten Staaten gereist, aber nicht gemeinsam; wir haben uns bislang ein einziges Mal persönlich getroffen.

Kennengelernt haben wir uns schriftlich: Erst indem wir unsere jeweiligen Blogs lasen – Kais *1000 kleine Dinge in Amerika* und Petrinas *Moment: New York* – und dann über eine E-Mail-Freundschaft. Daraus wuchs eine Zusammenarbeit bei Petrinas Podcast *Notizen aus Amerika* – und schließlich fragte Kai: »Willst du dieses Buch mit mir machen?«

Unsere Erlebnisse und Begegnungen in den USA haben uns inspiriert, alarmiert, erschüttert und amüsiert, bedrückt, entzückt und verblüfft. Daraus haben wir die Momentaufnahmen für dieses Buch ausgesucht – und dann während der Recherche viele Überraschungen erlebt, die wir nun mit Ihnen teilen. Wir nehmen es genau mit den USA, glauben aber nicht, die endgültige Wahrheit über unser Land zu kennen. Mehr noch: Wir bezweifeln, dass es sich als ein in sich schlüssiges Ganzes begreifen lässt. Wie auch, in einem Land mit 330 Millionen Bürgern und ebenso vielen Lebens- und Sichtweisen. Wir hoffen, dass sich die Mosaikstücke aus diesem Buch in Ihr Bild von den USA einfügen – und ein Bewusstsein für seine Vielfalt schaffen.

ALIENS

Nachbarn vom Mars

Es kommt nicht von ungefähr, dass einige US-Firmen von Weltraumtourismus schwadronieren. Die Faszination ferner Galaxien scheint grenzenlos – endet aber vor der Haustür.

Wie schön es wäre, nicht mutterseelenallein im All zu sein. Aber was, wenn die anderen klüger und stärker sind als wir – und uns auslachen oder bekriegen? Vielleicht liegt es an der verführerischen Mischung aus Sehnsucht und Sorge, dass das Fremde viele Amerikaner anzieht. Die Idee vom Wesen im Weltall befeuert ihre Fantasie und bringt Figuren wie Superman und Mr. Spock hervor.

Universen voller Geschichten ranken sich um das *alien*, den Außerirdischen. Bei *Star Wars*, *Avatar* und natürlich *Alien* reicht das für ganze Filmreihen. In der Wüste von

New Mexico blühen die Verschwörungstheorien, weil das Gerücht eines Ufo-Absturzes aus dem Jahr 1947 nicht totzukriegen ist: Bis heute gibt es immer wieder neue Veröffentlichungen mit vermeintlichen Beweisen. Der nahegelegene Ort Roswell ist darüber zur Touristenattraktion geworden. Dort florieren Läden und Museen rund um alles Außerirdische ebenso wie das Wortspielgasthaus Little A'Le'Inn in der Nähe der Airforce-Teststation Area 51 in Nevada.

Nur eines kann die Anziehungskraft des Alien aufheben: Mauern in den Köpfen. In der US-Amtssprache bezeichnet *»alien«* diejenigen, die keine US-Staatsbürger sind, von ausländischen Studenten über Asylbewerber bis zu Expats. Die berühmte Greencard heißt offiziell *alien registration card.*

2

ALL-WAY STOP

Vorfahrt (zu) leicht gemacht

Um Autofahrern das Nachdenken über Vorfahrtsregeln zu ersparen, haben die Amerikaner in den späten 1940er-Jahren den *All-Way Stop* eingeführt. Das funktioniert insgesamt ganz gut, von einigen Nebenwirkungen einmal abgesehen.

An den Kreuzungen vieler Nebenstraßen müssen Verkehrsteilnehmer nicht grübeln, wer Vorfahrt hat: Wenn es am Stopp-Schild den Zusatz *All Way* (bzw. *4-Way* oder *3-Way*) gibt, kann derjenige, der zuerst an der Kreuzung angehalten hat, auch als Erster wieder losfahren. Ein wenig problematisch wird es allerdings, wenn dort zwei oder sogar drei Autos gleichzeitig zum Stillstand kommen, denn dann hat auch in Amerika derjenige Vorfahrt, der sich am weitesten rechts befindet. Die meisten Amerikaner scheinen das jedoch nicht zu wissen und verständigen sich deshalb oft per Handzeichen darüber, wer zuerst fahren darf.

Verkehrsplaner warnten bereits in den 1950er-Jahren vor zu vielen *All-Way Stops*, da diese zu Über-

druss und Nichtbeachtung führen würden. Tatsächlich kann man oft *rolling stops* beobachten, wenn nämlich Autofahrer des häufigen Anhaltens leid sind und daher nicht mehr vollständig zum Stehen kommen. Aber auch das Gegenteil geschieht hin und wieder: Manche Fahrer halten an, wo es gar keinen *All-Way Stop* gibt und sorgen so mitunter für ärgerliche Situationen.

Vorsicht ist ferner angebracht, sollte eine Nebenstraße eine Hauptstraße kreuzen und sollten auf der Nebenstraße Autos aus beiden Richtungen kommen. Nicht wenige Amerikaner denken nun, dass auch hier, trotz der einfachen Stopp-Schilder, derjenige Vorfahrt hat, der zuerst da war. Das kann gefährlich werden, falls einer geradeaus fahren und der andere links abbiegen will.

Im amerikanischen Straßenverkehr sollte man sich aber generell nicht unbedingt auf sein Recht verlassen, sondern vielmehr darauf gefasst sein, dass manche Verkehrsteilnehmer ahnungslos bzw. unaufmerksam sind.

3

ALTERNATE SIDE PARKING

Immer in Bewegung bleiben

Wäre das Auto ein Tier, hätte es in den USA einen natürlichen Feind: den Straßenfeger.

Wer in den USA an der Straße parken will, muss erst einmal genauestens hinschauen, ob das auch erlaubt ist – und für wie lange. New York etwa ist bekannt dafür, dass jeweils eine Straßenseite zu bestimmten Uhrzeiten wie leergefegt ist, während auf der gegenüberliegenden Seite Autos in zweiter Reihe parken – oft mit Zeitung lesenden oder auf Handys herumtippenden Fahrern. Sie sind aus dem Haus geeilt, um ein Schild mit der Aufschrift *»alternate side parking«* zu befolgen: Dort ist für einen festgelegten Zeitraum Parkverbot, zum Beispiel dienstags und donnerstags von acht bis halb zehn.

In dieser Zeit braucht der Straßenfeger Platz, um die Gosse zu kehren, in der sich in der Großstadt schnell Müll und Staub sammeln. Selbst wenn er durchgefahren ist, dürfen die wartenden Autofahrer auf der anderen Straßenseite nicht zurück in »ihre« Parklücke; die Verkehrspolizei folgt beim Knöllchenschreiben nicht feuchten Spuren, sondern den Regeln.

Diese gelten an vielen US-Orten, sie nehmen aber unterschiedliche Formen und Namen an – oft zur Verwirrung von Besuchern. Mancherorts dürfen sie zum Beispiel in den Wintermonaten an *snow routes* nicht parken, damit der Schneepflug freie Bahn hat. Anderswo brauchen Autofahrer einen Anwohnerparkausweis oder Insiderwissen, wenn auf einem Schild nur *»street cleaning«* und der Wochentag steht, aber keine Uhrzeit. Oder der Straßenrand ist farblich markiert, um anzuzeigen, wo Halte- oder Parkverbot und andere Feinheiten beachtet werden müssen.

Ausgerechnet Los Angeles nimmt Mobilität wörtlich: In der Stadt der ewigen Staus darf ein Auto nirgends länger als 72 Stunden an der Straße stehen – danach kann es als *abandoned* (wild entsorgt) gemeldet und abgeschleppt werden.

MENT RENTALS
00-552-7000
onterey.com
EXPRESS LINE
M 11A
20BD-053
GLOBAL

AMTRAK

Wo Zug fahren noch zum Abenteuer wird

Wer in den USA mit dem Zug fahren möchte, wird feststellen, dass dort so einiges anders läuft als in Europa. Das fängt schon beim Einsteigen an.

Wer seine Fahrt auf einem Großstadtbahnhof beginnt, kann an den meisten Orten eine Überraschung erleben. Während die Schalterhallen oft aussehen, wie wir es von Bahnhöfen gewohnt sind, gibt es keine richtigen Bahnsteige. Die Haltebereiche der Züge erinnern oft an dunkle Fabrikhallen des ausgehenden 19. Jahrhunderts. Man wartet dort auch nicht auf den Zug, sondern die Passagiere gehen nach Aufforderung im Gänsemarsch auf den Steig, nachdem sie sich zuvor wie auf dem Flughafen in einem Warteraum aufgehalten haben.

In einen Zug des staatlichen Unternehmens Amtrak kann man auch nicht einfach einsteigen, wo man will. In der Regel werden nur ein oder zwei Türen geöffnet und die Schaffner weisen den Fahrgästen je nach Fahrtziel den richtigen Wagen zu. In den muss man dann hineinklettern, denn Bahnsteige auf Einstiegshöhe sind noch eine Seltenheit. Für Gehbehinderte gibt es deshalb einen mobilen Fahrstuhl oder eine Rampe.

In den insgesamt recht bequemen Zügen ist es leider oft recht kalt, denn wenn es draußen heiß ist, läuft die Klimaanlage scheinbar unkontrolliert auf Hochtouren, und in kalten Gefilden kann man sich nicht immer auf die Heizung verlassen. Zudem kann es dort, wo die Wagen miteinander verbunden sind, auch schon mal durch die Ritzen in den Gang schneien und zu Vereisungen kommen. Erfahrene Fahrgäste bringen deshalb immer etwas zum Überziehen mit, zusammen mit reichlich Geduld. Denn wenn Amtrak nicht im Besitz der Gleisanlagen ist, und das ist auf weiten Strecken der Fall, haben Güterzüge Vorfahrt. Deshalb kommen die Amtrak-Züge nicht selten mehr oder weniger verspätet am Zielort an.

Trotzdem kann das Zugfahren in den USA Spaß machen. Man fährt durch Land- und Ortschaften, die man im Auto oder aus dem Flugzeug nicht gesehen hätte. Manche Züge haben sogar einen Aussichtswagen, der einen Panoramablick ermöglicht. Auch wird man oft Amischen begegnen, denn Züge sind ihr bevorzugtes Fernverkehrsmittel.

Welcome
Cafe

BAIL BONDS
Knast oder Schulden?

Das gibt es nur in den Philippinen und in den USA: Ein (legales) Geschäft mit der gerichtlich festgesetzten Kaution.

Nach einer Festnahme entscheidet in den USA ein Richter, ob der Beschuldigte bis zum Prozess freikommt. Ein Haftgeld soll dann als Pfand bis zum eigentlichen Prozess dienen; nur bei Erscheinen bekommt der Beschuldigte es zurück. Im Mittel zwischen 10.000 und 12.000 Dollar liegt eine solche Kaution für eine im US-Rechtssystem als *felony* bekannte Straftat (zum Beispiel Einbruch, Vergewaltigung, Trunkenheit am Steuer, Fahren ohne Führerschein oder unerlaubter Waffenbesitz). Selbst bei kleineren Vergehen wie Bagatelldiebstahl oder geringfügigem Drogenbesitz fällt die Kaution oft vierstellig aus.

Viele Menschen können solche Beträge aber nicht zahlen. Ihnen droht deshalb bis zur Verhandlung Untersuchungshaft, oft für Monate. In ihrer Not lassen sich manche auf einen *bail bondsman* ein: Er hinterlegt die Kaution bei Gericht und kassiert dafür vom Beschuldigten eine Prämie von etwa zehn Prozent. Verpasst dieser seinen Gerichtstermin, schickt ihm die Kautionsagentur bewaffnete Kopfgeldjäger auf den Hals.

Im Jahr 2018 saßen fast eine halbe Million Menschen in US-Gefängnissen, ohne für ein Verbrechen verurteilt zu sein. Bei den wenigsten vermutet die Justiz Fluchtgefahr; die meisten können sich bloß die Kaution oder die Gebühr der Kautionsagentur nicht leisten. Kritiker dieses Systems argumentieren, dass es Armut bestraft, die Gesellschaft mit den Kosten dieser Gefängnisplätze belastet und gegen gleich drei Verfassungsgrundsätze verstößt: das Verbot überhöhter Kautionen, das Recht auf ein ordentliches Gerichtsverfahren und auf einen kurzen Prozess.

Einige Bundesstaaten reformieren inzwischen ihr Rechtssystem, verbieten Kopfgeldjäger oder kommerzielle *bail bonds* – oder sie verhängen überhaupt keine Kautionen mehr.

BAIL BONDS
FIANZAS
Bail Bond Fees

6

BARBERSHOP

Klinge am Hals

Vielerorts ist der Friseurbesuch eine Kombination aus dem kleinen Luxus und hemmungslosem Tratsch – für Männer.

Hinter der Scheibe sitzen sie und schwatzen. Frei von der Leber weg und quer durch den Laden geht es um Sport, Beziehungen, die Schlagzeilen und jede Menge Tratsch, während der *barber* rasiert und die Frisur in Form bringt: entweder *afro* und die eng anliegenden Zopfreihen der *cornrows* oder Dauerwelle und den oben auf dem Kopf zusammengezwirbelten *man bun*. Mit der unterschiedlichen Textur krauser und glatter Haare lässt sich nur zum Teil erklären, warum in *barbershops* so unterschiedliche Kundschaft sitzt.

In den jungen Jahren der Nation dominierten Schwarze das Geschäft, bedienten allerdings über viele Generationen fast ausschließlich Weiße. Sklavenhalter fanden es lukrativ, ihre Zwangs-Barber in der Stadt gegen Geld die Runde machen zu lassen. Sie waren der rassistischen Idee verfallen, Schwarze seien Naturtalente im intimen Raum, etwa als Butler oder Friseure. Auf diesem Vorurteil bauten manche Schwarze später ein Geschäft auf: Mit gepolsterten Liegesesseln, Kronleuchtern und goldgerahmten Spiegeln ließen sie ihre weiße Kundschaft vom Plantagenherrscherdasein träumen. Doch um die Jahrhundertwende nahmen Schmutzkampagnen und blutige Überfälle auf die Geschäfte von Schwarzen ihnen Kundschaft und Lebensgrundlage; bald darauf entwickelten sich Barbershops von Schwarzen für Schwarze zu Treffpunkten, die auch in der Bürgerrechtsbewegung eine Rolle spielten.

Heute sagen manche, der Barbershop gebe eine Atempause vom Beäugt- und Vorverurteiltwerden. Gleichzeitig feiert das alte Feudal-Design ein Comeback in Luxus-Barbershops. Auch der *barber pole* wird dem Look einverleibt. Seine weißen und roten Streifen stehen für Verbände und Blut, weil britische Barber im Mittelalter Dienste wie Zahnziehen oder Aderlass boten. Passend zur amerikanischen Fahne kam Blau dazu. Manche interpretieren das nun als Venenfarbe – die Illusion blaublütiger Überlegenheit lässt sich vom Barbershop offenbar nicht trennen.

BARBER
George's
89
BARBER SHOP
HAIRCUTS & SHAVES
SHAVE & HAIRCUTS
BARBER SHOP
HAIRCUTS & SHAVES
SHAVE & HAIRCUTS

7

BARRIERS

Außen vor

Vielfältige Barrieren sollen die Menschen im öffentlichen Raum schützen – nicht nur vor Terroristen.

Die Angst vor Anschlägen wie in Nizza, Berlin und Charlottesville, bei denen ein Fahrzeug in eine Menschenmenge rast, hat viele US-Großstädte verändert. Beton- oder Steinblöcke liegen am Rande großer Plätze, Stahlpoller säumen Gehsteige wie militante Hecken. Neu ist das nicht.

In den 1950er-Jahren ging es noch um Unfälle von Autos gegen Autos. Dagegen sollte die *Jersey barrier* helfen: Die etwa 81 Zentimeter hohe Betonwand schirmt Fahrbahnen wie eine Leitplanke ab – sogar gegen blendende Scheinwerfer. Heute trennt dieser Betonschutzwall oft auch Radweg und Straße. Das Aussehen vieler Straßenbaustellen prägt unterdessen eine meist orange Plastikvariante, die an Ort und Stelle mit Wasser befüllt wird.

Nachdem 1995 zwei Amerikaner mit einem LKW-Bombenanschlag auf ein Regierungsgebäude in Oklahoma City 168 Menschen umgebracht hatten, tauchten Autoabhaltende Barrieren landesweit auf, wo viele Menschen zusammenkommen – etwa vor Museen, Verwaltungsgebäuden, Denkmälern. Nach den Flugzeuganschlägen vom 11. September 2001 konzentrierten sich die Sicherheitsvorkehrungen plötzlich auf islamistischen Extremismus; strenge Flughafenkontrollen etwa sollten ein »weiteres 9/11« verhindern. In den 18 Jahren danach starben in den USA aber mehr Menschen bei rechtsextremen Anschlägen als bei dschihadistisch inspirierten Taten.

Erst neuerdings sind Barrieren auf der Straße wieder in den Fokus gerückt – mit der Frage: Wie sieht das denn aus? Betonblöcke mit dem Logo der örtlichen Polizei etwa signalisieren weniger Sicherheit als das ungute Gefühl, an diesem Fleck mit Recht Angst vor einem Anschlag zu haben. Designer und Stadtplaner halten mit Kreativität dagegen: Sie gestalten Blumenkübel, die einer Autobombe standhalten, oder Bänke, deren massiver Rücken sich gegen den Straßenverkehr stemmt. Neuerdings mehren sich Projekte, die den Autoverkehr komplett aus belebten Stadtzonen verbannen.

25
ONLY
ONLY

8

BASEBALL

Nationalsport ohne Stoppuhr

Baseball ist gleichzeitig ein beliebter Freizeitsport und ein Milliardengeschäft; nur die National Football League spielt mit Übertragungsrechten und Eintrittsgeldern mehr ein als Major League Baseball. Doch für ihre Millionen müssen Profi-Baseballspieler tüchtig arbeiten.

Im Büro heißt *»let's touch base«*, dass man sich noch mal melden soll, ehe man sich trifft oder entscheidet. Auf dem Baseballfeld muss ein Spieler die *base* tatsächlich berühren, ehe die Gegenmannschaft den Ball fängt, und das kann zu dramatischen Szenen und verstauchten Gliedern führen. Am Abschlag gilt unterdessen *»three strikes and you're out«*, und das findet sich in den umstrittenen *Three Strikes Laws* einiger Bundesstaaten wieder, die Gewaltverbrechern beim dritten Vergehen eine lebenslängliche Gefängnisstrafe einbrocken.

Die vielen Redensarten, Regeln und Strategien des Baseball begreift

am besten, wer das gesamte Feld sehen kann – ob im Kleinstadtpark oder im Megastadion. Wie lange ein *hitter* versuchen darf, den vom *pitcher* geworfenen Ball mit dem Schläger zu treffen, hängt vom Spielverlauf ab; Baseball ist eine der wenigen Mannschaftssportarten ohne Zeitbegrenzung. Durchschnittlich dauert ein Spiel dreieinhalb Stunden, und jede Mannschaft spielt rund sechsmal pro Woche. So ist die Saison von Frühjahr bis Herbst selbst für Fans fast ein Vollzeitjob – und ein Fest für Statistik-Nerds. Im TV wie im Stadion wird ein Spieler, der an den Abschlag tritt, nicht nur mit Namen angekündigt, sondern auch mit vielen Zahlen, etwa zur Ballgeschwindigkeit, der Anzahl der *homeruns* und der Erfolgsquote beim Abschlag. Grobe Fehler oder eine schlechte Leistung quittieren Fans mit lautstarker Kritik – auch wenn es sich um einen Spieler des »eigenen« Teams handelt.

BEER

Auf den Geschmack gekommen

Dass die USA keine Biervielfalt vorzuweisen haben, ist lange her: Während es 1979 in den Vereinigten Staaten nur 89 Brauereibetriebe gab, sind es heute rund 8.000.

Ende des 19. Jahrhunderts hatten die USA schon einmal eine ähnliche Bierkultur wie Europa. Die hauptsächlich von Einwanderern betriebenen Brauereien produzierten eine enorme Anzahl an Bieren. Zur Hochburg des amerikanischen Brauwesens wurde die Stadt Milwaukee im Bundesstaat Wisconsin, deren Bevölkerung zu 70 Prozent aus Deutschen bestand. Noch heute ist eine deutsche Herkunft in den Namen vieler Brauereien erkennbar.

Die Prohibition, die Zeit des Alkoholverbots von 1920 bis 1933, zwang die meisten Betriebe zur Aufgabe. Andere hielten sich mit der Produktion von Bier, das mit weniger als ein Prozent Alkoholgehalt beinahe alkoholfrei und deshalb erlaubt war, über Wasser. Einigen von ihnen gelang es später, den Markt beinahe vollkommen zu beherrschen. Die Biere dieser Unternehmen, Anheuser-Busch (mit den Marken Busch, Budweiser, Michelob) und MillerCoors, sind zwar nach strengen Qualitätsrichtlinien gebraut, lassen aber Originalität vermissen, das eigenwillige Blue Moon einmal ausgenommen.

Seit Beginn der 1990er-Jahre gelang es dann kleineren Betrieben, regionale Märkte zu erobern. So erfreuen sich zum Beispiel die Biere der Brauereien Leinenkugel und Bell's im Mittleren Westen großer Beliebtheit. Landesweit konnten sich Brauereien wie die Boston Beer Company mit ihrer Marke Samuel Adams und die Sierra Nevada Brewing Company mit ihrem Sierra Nevada Pale Ale etablieren.

Die wirkliche Vielfalt kam jedoch in den letzten zwanzig Jahren mit den Tausenden *microbreweries* und *brew pubs*, die unter dem Sammelbegriff *craft beer* mittlerweile fast ein Viertel des in den USA gebrauten Bieres herstellen. Viele von ihnen sind von Leuten gegründet worden, die zuvor *homebrewing* als Hobby betrieben hatten. Chicago (167), Seattle (153) und San Diego (150) sind derzeit die Städte mit den meisten Brauereibetrieben.

'76
ALE
BELL'S LAGER BEER
OARSMAN ALE
THIRD COAST BEER
AMBER ALE
OBERON ALE
PORTER
VENUS
TWO HEARTED ALE
BLACK RYE ALE
KALAMAZOO IPA
MIDWESTERN PALE ALE
LE CONTREBASSISTE
MILD ALE
URANUS
NEPTUNE
WILD ONE
HOPSOULUTION ALE
MANGO HABANERO OBERON
THE ORACLE
LE BRETTEUR

10

BIG DATA

Digitale Sammelwut

Von der Volkszählung bis zur Wettervorhersage: Riesige Mengen an Informationen beschäftigen nicht nur das Silicon Valley.

Ein Experiment hat den Begriff *big data* im Jahr 2011 verständlich gemacht: Der IBM-Supercomputer Watson schlug zwei Menschen in einer Quizshow, indem er sekundenschnell 200 Millionen Seiten voller Informationen durchforstete.

Das konnte Herman Hollerith 1890 nicht ahnen. Damals nutzte die US-Regierung bei der Volkszählung seine Erfindung, ein elektrisches Lochkartenlesegerät – und bekam die Auswertung statt nach zehn Jahren schon binnen weniger Monate.

Heute sind persönliche Daten den Großkonzernen viel wert. So führt der Beruf der *data scientists* seit Jahren die Rangliste der besten Jobs in den USA an. Sie programmieren zum Beispiel Algorithmen, mit deren Hilfe sie Daten ordnen und auswerten, und finden immer neue Wege, noch mehr dieser Informationen zusammenzutragen. Manche Firmen speichern sogar, was intelligente Lautsprecher mithören, oder verfolgen über Smartphones den Weg ihrer Besitzer innerhalb von Geschäften, um ihnen zum Standort passende Werbung zu präsentieren.

Auf der anderen Seite fördern Datensammlungen in den USA die Demokratie. Die 2009 gestartete Website data.gov stellt allen Bürgern die Daten zur Verfügung, die Regierungseinrichtungen erhoben haben. Seit 2019 schreibt ein Gesetz allen Bundesbehörden vor, ihre Informationen als *open data* zu veröffentlichen. Viele Bundesstaaten und Kommunen ziehen mit; aus 47 Datensätzen sind inzwischen mehr als 250.000 geworden. Firmen haben daraus beispielsweise Wettervorhersage-Apps entwickelt, Bürgerinitiativen belegen damit Ungerechtigkeiten, Journalisten werten gesellschaftlich relevante Informationen aus. Auch die mobile Erdbebenwarnung des Roten Kreuzes basiert auf den gratis zugänglichen Daten.

Entry
VISA
OMNY
TAP HERE
CUBIC

BLACK FRIDAY
Totaler Kaufrausch

Der vierte Freitag im November, der Tag nach Thanksgiving, ist der Startschuss für den Weihnachtseinkauf. Viele Geschäfte locken mit unglaublichen Sonderangeboten.

Da viele Geschäfte schon um Mitternacht aufmachen, stellen sich manche Leute unmittelbar nach dem Thanksgiving-Essen vor den Läden an und harren mehrere Stunden aus, um die besten Schnäppchen zu ergattern. Deren Zahl ist oft stark begrenzt ist, insbesondere bei hochwertigen Elektronik-Artikeln. Andere Geschäfte machen um 5 Uhr morgens auf, und es gibt immer wieder Menschen, die auf Klappstühlen sitzend und in Decken oder Schlafsäcke gehüllt die Nacht vor den Ladentüren verbringen. Obwohl andere Teile der Welt den Black Friday inzwischen übernehmen, ist dieser Schnäppchentag nirgends extremer als in seinem Heimatland USA.

Der Name Black Friday hat seinen Ursprung in den 1950er-Jahren in Philadelphia. Am Vortag des jährlichen Football-Spiels zwischen den Teams der Army- und Navy-Hochschulen strömten Zehntausende Menschen in die Stadt. Die Polizisten, die Überstunden leisten mussten, um dem Chaos in der Stadt Herr zu werden, begannen diesen Tag als »Black Friday« zu bezeichnen. Die Einzelhändler der Stadt versuchten Anfang der 1960er-Jahre, diesen eher negativ besetzten Begriff in »Big Friday« umzubenennen, allerdings ohne Erfolg.

Mitte der 1980er-Jahren gelang es dem amerikanischen Einzelhandel dann jedoch, die Entstehungsgeschichte umzuschreiben: Heutzutage glauben die meisten Amerikaner, der Begriff komme daher, dass an diesem Tag viele Geschäfte beginnen, schwarze Zahlen zu schreiben.

Da sich die Online-Händler ihren eigenen Tag mit außergewöhnlichen Sonderangeboten geschaffen haben, den Cyber Monday, der drei Tage nach dem Black Friday stattfindet, verliert letzterer allerdings allmählich an Bedeutung. Im E-Commerce gibt es mittlerweile auch den Begriff »Cyber 5«, der die fünf Tage von Thanksgiving bis Cyber Monday umfasst, an denen Käufer mit besonderen Schnäppchen angelockt werden.

BLACK
FRIDAY
OFF
OFF

BONEYARD

Des Bombers (vor-)letzte Ruhe

Seit mehr als 70 Jahren nutzt die US-Luftwaffe ein Wüstengelände in Arizona als Flugzeugfriedhof. Manchmal kommen diese Militärmaschinen in den Himmel – buchstäblich.

Boneyard ist ein anderes Wort für Friedhof – und eigentlich auch ein Sammelbegriff für Orte, an denen kaputte oder abgenutzte Sachen darauf warten, verschrottet zu werden. Ein Gelände voller verbeulter Autos nennen die meisten aber *junkyard*. Die Aerospace Maintenance and Regeneration Group (AMARG) in Arizona dagegen wimmelt vor Propellern. Auf diesem ganz speziellen *boneyard* stehen ausgemusterte Flugzeuge, die in Korea oder Afghanistan Bomben abwarfen, und ein H-34C-Transporthubschrauber, in dem Präsident Eisenhower gesessen haben soll, dazu reihenweise F4-Cs aus dem Vietnamkrieg und B-52s, wie sie heute noch bei der US-Luftwaffe im Einsatz sind. Mit mehr als 3.700 Militärflugzeugen und rund 500 zumeist zivilen Angestellten ist das Gelände des Davis-Monthan

Air Force Boneyard am Rande von Tucson der weltgrößte Lagerplatz seiner Art.

Die Wüste Arizonas ist der ideale Ort für eine solche Flugzeugaufbewahrung: Höhenlage, sehr trockene Luft und seltene Regenfälle mindern Rost und Verfall, und auf dem harten, basischen Boden können die schweren Maschinen ohne Asphaltierung bewegt werden. Viele sind immer noch flugfähig und stehen in exakt abgezirkelter Formation, als könnten sie jederzeit abheben. Anderen fehlen die Motoren, Flügel oder das Cockpit. Manche dienen als Vorratslager für Teile, die anderswo gebraucht werden, manche werden verschrottet, manche sollen beim Verkauf an Verbündete der USA noch etwas einbringen. Oder die Air Force beruft sie wie Reservisten zurück in den Dienst – als Ersatz für verspätete Lieferungen oder als Teil eines Recyclingprogramms der kriegerischen Art: Das US-Militär lässt auf dem *boneyard* auch alte Kampfjets zu Drohnen umbauen.

13

BOOKSTORES

In der Höhle des Löwen

Unabhängige Buchhandlungen in den USA überleben trotz Amazon und fehlender Buchpreisbindung.

Zunächst sah es so aus, als würde der Online-Riese Amazon den traditionellen Buchhandel in den USA ruinieren, insbesondere als er 2011 die große Buchhandelskette Borders in die Pleite trieb. Doch durch die nun fehlende Konkurrenz ergaben sich vielerorts neue Chancen, kleinere Buchläden zu betreiben. Die Zahl der unabhängigen Buchhandlungen in den USA ist daher von 1.651 Läden im Jahr 2009 auf 2.470 im Jahr 2018 gestiegen.

Auch mehrere bekannte Schriftsteller haben in den letzten Jahren Buchhandlungen eröffnet, unter ihnen Louise Erdrich in Minneapolis, Ann Patchett in Nashville, Jeff Kinney in Plainville (Massachusetts), Judy Blume in Key West und Emma Straub in Brooklyn.

Die kleinen Buchgeschäfte haben in der Regel eine sehr loyale Kundschaft. Zahlreiche Lesungen, Lesegruppen zu verschiedenen Interessenbereichen und oft auch ein angeschlossenes Café bringen viele Menschen in die Läden. Manche Buchhandlungen experimentieren auch mit der Hinzunahme von preiswerten antiquarischen Büchern sowie mit Serviceleistungen für Leute, die selbst verlegen.

Der Buchhandelskette Barnes & Noble, mit derzeit 627 Filialen, hat der Niedergang des ehemaligen Hauptkonkurrenten Borders ebenfalls geholfen, weiter am Leben zu bleiben. Bei Barnes & Noble ziehen eine große Kinderbuchabteilung mit vielen Vorleseveranstaltungen und ein integriertes Starbucks-Café zuverlässig die Kunden an. Und Amazon ist den letzten Jahren ebenfalls auf den Geschmack gekommen und hat mittlerweile um die zwanzig eigene Buchläden eröffnet, beispielsweise in Seattle, Chicago und New York.

Books
Are
Magic

14

BYOB

Alkoholische Selbstversorgung im Restaurant

Eine Kneipe oder ein Restaurant aufzumachen, ist in den USA oft gar nicht so einfach. Dafür braucht man ein bestimmtes Schriftstück.

Um Alkohol anbieten zu dürfen, benötigen Gastronomiebetriebe in den USA eine *liquor license.* Diese zu bekommen, ist mancherorts problematisch. Entweder gibt es lange Wartezeiten, weil die Zahl beschränkt ist, oder die Gebühren sind sehr hoch. Sie liegen im landesweiten Durchschnitt bei 1.500 Dollar pro Jahr, können aber, wie in Kalifornien, auch beinahe 16.000 Dollar betragen. Insbesondere kleine Restaurants erlauben ihren Gästen deshalb mitunter, selbst alkoholische Getränke mitzubringen. An der Tür oder im Fenster befindet sich dann der Hinweis *»BYOB« (Bring Your Own Bottle).*

Auch auf Einladungen zu Parties kann man manchmal diesen Hinweis finden. Oft wird er dann als *»Bring Your Own Beer«* gelesen. Gastgeber signalisieren damit, dass Gäste nicht erwarten sollen, dass ausreichend Bier vorhanden ist. Dieses ist in den USA nämlich recht teuer.

CAMPUS POLICE

Freunde und Helfer im Universitätsdienst

Die meisten Universitäten und Colleges in den USA unterhalten eine eigene Polizei, die für Sicherheit auf dem oft weitläufigen Gelände der jeweiligen Hochschule und in deren unmittelbarer Umgebung sorgt. Ganz unumstritten ist das nicht.

Campus-Polizisten sind nicht zu unterschätzen, denn sie haben die gleiche Ausbildung wie ihre Kollegen im öffentlichen Dienst absolviert und sind ebenfalls bewaffnet. Ihre Fahrzeuge unterscheiden sich nur durch Farbe und Aufschrift von anderen Polizeiautos.

Mitunter ist die *Campus Police* sogar besser ausgerüstet als die Polizei der jeweiligen Stadt, insbesondere wenn es sich um gut finanzierte private Institutionen wie Harvard oder Yale handelt. An einigen Universitäten gibt es sogar Spezialeinsatzkommandos für brenzlige Situationen wie Amokläufe, Geiselnahmen oder Bombendrohungen.

Die *Campus Police* hat je nach Bundesstaat unterschiedliche Rechte, kann aber vielerorts auch außerhalb des Hochschulgeländes Autos anhalten, Strafzettel ausstellen und Verhaftungen vornehmen. So wirft die Polizei der privaten University of Chicago nicht nur ein wachsames Auge auf 15.000 Studenten, sondern auch auf die 65.000 Einwohner der Nachbarschaft, von denen die meisten Schwarze sind. Kritiker bemängeln, dass Privatpolizeien wie diese trotz ihres Wirkens über den Campus hinaus kaum einer Rechenschaftspflicht unterliegen, im Gegensatz zu der Polizei von Städten und Kommunen.

16

CANVASSING

Klinkenputzen für die Demokratie

In den USA gehen die Menschen mit ihren politischen Ideen buchstäblich hausieren.

Wahlkampfmanager betrachten *canvassing* als eine der wirksamsten Methoden in ihrem Köcher. Deshalb organisieren sie *phone banks,* bei denen ehrenamtliche Helfer lange Listen abtelefonieren, um mit Wählern über den jeweiligen Kandidaten und wichtige Programmpunkte zu sprechen oder Informationen über Wahlorte und -termine zu verbreiten. Am liebsten schicken die Wahlkampfbüros ihre Leute aber von Tür zu Tür: Politiker stellen sich persönlich vor, auch ihre Helfer suchen das Vier-Augen-Gespräch.

Dass diese Art von Gespräch emotional am stärksten wirkt, nutzen auch Bürgerinitiativen und andere Organisationen. Sie mobilisieren die Nachbarschaft etwa bei einem umstrittenen Bauvorhaben oder angesichts von Umweltproblemen. Das stößt viele Diskussionen an, die die Demokratie lebendig halten. Beim Klinkenputzen geht es nicht nur darum, die Menschen von einem Kandidaten oder einem Anliegen zu überzeugen. Die Kampagnen, Parteien oder Organisationen dahinter sammeln auf diese Weise auch Spenden; vor allem aber Informationen, mit deren Hilfe sie ihre Strategien und Werbebotschaften anpassen.

So kann ein Hausbesuch etwa bestätigen, dass der Gesprächspartner tatsächlich im jeweiligen Wahlbezirk wohnt, oder ermitteln, welche Themen den Bürgern am Herzen liegen. Wahlberechtigte lassen sich zudem in »ja«, »nein« und »vielleicht« aufteilen; viele politische Kampagnen konzentrieren sich danach auf Letztere, die *swing voters.* Wird das Rennen bei einer Wahl mit weitreichenden Konsequenzen sehr eng, reisen zuweilen Freiwillige aus anderen Orten an, um beim *canvassing* zu helfen. Kurz vor der Entscheidung verfolgen sie vor allem ein Ziel: Die Menschen dazu zu bringen, überhaupt zum Wahllokal zu gehen.

CASH

Bargeld, das sich rar macht

Die 1-Dollar-Münze und besonders den 2-Dollar-Schein bekommt man in den USA kaum zu Gesicht. Aber sind sie wirklich selten?

Drei Dinge sind in den USA kolossal gescheitert: Der Wechsel zum metrischen Einheitensystem, die Änderung des Coca-Cola-Rezeptes und die Einführung der 1-Dollar-Münze.

Die Amerikaner mögen ihre vertrauten 1-Dollar-Scheine und nutzen die relativ neuen 1-Dollar-Münzen, die man hauptsächlich als Wechselgeld an Automaten bekommt, nur widerwillig als Zahlungsmittel. In den Kellern der US-Notenbank liegen daher rund eine Milliarde dieser Münzen ungenutzt herum. Einer Untersuchung des Government Accountability Office zufolge könnte der Staat jedoch innerhalb von 30 Jahren rund 5,5 Milliarden Dollar sparen, wenn man alle 1-Dollar-Scheine durch Münzen ersetzen würde, weil die

Münzen viel länger halten. Und das obwohl nur ein Drittel aller Transaktionen in den USA mit Bargeld bezahlt werden, im Vergleich zu 80 Prozent in Deutschland.

Den 2-Dollar-Schein, der von 1862 bis 1966 und dann wieder ab 1976 gedruckt wurde, bekommt man ebenfalls selten zu Gesicht, und manche Leute glauben, dass er sich gar nicht mehr im Umlauf befindet. Der Schein mit dem Antlitz von Thomas Jefferson macht nur etwa ein Prozent aller Dollarscheine aus und viele Leute behalten ihn, sobald sie ihn durch Zufall in die Hände bekommen. Dass der 2-Dollar-Schein einen Seltenheitswert hat, täuscht allerdings. Immerhin sind gegenwärtig mehr als 1,2 Milliarden dieser Scheine im Umlauf. Da mit ihnen jedoch nur recht selten bezahlt wird, beträgt ihre Lebensdauer sechs Jahre, während ein 1-Dollar-Schein im Durchschnitt nur 18 Monate überlebt.

CASHLESS STORES

Bargeld (un)erwünscht

Eine zunehmende Zahl von Geschäften in den USA nimmt kein Bargeld mehr an, da es nur Umstände und Kosten verursache. Aber es gibt Widerstand gegen diesen Trend.

Auf den ersten Blick macht es schon Sinn, wenn sich Geschäfte, aber auch Restaurants und Cafés dafür entscheiden, kein Bargeld mehr anzunehmen: Das Abkassieren geht schneller, den Angestellten bleibt das Geldzählen am Ende des Tages erspart und es müssen keine Geldtransporte mehr bezahlt werden. Zudem wird in den USA ohnehin nur bei einem Drittel aller Transaktionen im Einzelhandel mit Bargeld bezahlt. Kreditkarten, mobile Bezahldienste wie PayPal, Venmo und Apple Pay sowie firmenspezifische Apps wie für die allgegenwärtigen Starbucks-Filialen scheint jeder zu haben. Und im Imbissladen Amazon Go gibt es überhaupt keine Kassen mehr. Dort erfassen Kameras und Sensoren die Einkäufe und die Bezahlung erfolgt automatisch über die Amazon-Accounts der Kunden.

Mehr als acht Millionen Haushalte in den USA haben jedoch weder Bankkonto, Kreditkarte oder Bezahl-App. Diese Menschen, die hauptsächlich zur untersten Einkommensschicht gehören, sind darauf angewiesen, mit Bargeld zahlen zu können. Insbesondere in Großstädten gibt es daher Bemühungen, den Trend zum bargeldlosen Einzelhandel aufzuhalten oder zumindest einzuschränken. Die Stadt Philadelphia, wo 26 Prozent der Menschen unter der Armutsgrenze leben, hat 2019 ein Verbot gegen bargeldlosen Einzelhandel verabschiedet, in anderen Städten wird Ähnliches diskutiert.

Um ein derartiges Verbot zu umgehen, wird mancherorts damit experimentiert, dass eigens dafür vorgesehene Geldkarten an Automaten im Laden mit Bargeld aufgeladen werden können. Und da erhärtet sich der Verdacht, den manche Kritiker äußern, dass es den Unternehmen in erster Linie darum geht, Personal einzusparen, so wie das auch schon mit den inzwischen weit verbreiteten Selbstbedienungskassen der Fall war.

19
18
Don't be shy.
Give that bowl
a shake.
20

CEMETERY

Ein weites Feld

Verschlungene Pfade und Wiesen voller Grabsteine: Dass viele Friedhöfe in den USA wie Parks wirken, kommt nicht von ungefähr.

Auf vielen US-Friedhöfen stehen Grabsteine und Mausoleen aus vergangenen Jahrhunderten nicht weit von frischen Gruften. Platzprobleme kannten schon die an Kirchen angeschlossenen *graveyards* in den ersten US-Großstädten. Deshalb entstanden *rural cemeteries* draußen vor der Stadt, die mit Bäumen und Sträuchern, Hügeln und Teichen als Idylle gestaltet wurden. Dort liegen heute noch oft die Konfessionen nahe beieinander, es gibt Abteilungen mit asiatischen und hebräischen Schriftzeichen und schnurgerade Reihen gleichförmiger Soldatengräber. Doch früher gingen die Menschen nicht nur zum Trauern auf den Friedhof: Woodland Cemetery in Dayton (Ohio), Laurel Hill in Philadelphia oder Green-Wood in Brooklyn waren wahre Touristenattraktionen – fürs Picknick.

Bedingt durch eine hohe Kindersterblichkeit, Cholera und Gelbfieber gehörte der Friedhofsbesuch bis in die 1920er-Jahre hinein ohnehin zum Alltag. Erst mit dem medizinischen Fortschritt und dem Bau von Parks in den Städten begannen die Menschen, Friedhöfe zu meiden. Weil Blumenschmuck aber gepflegt und gegossen werden muss, damit ein Friedhof insgesamt einen respektablen Eindruck macht, verbieten viele Friedhofsverwaltungen in den USA eine Grabbepflanzung. Manche erlauben Topfblumen um religiöse Feiertage oder Memorial Day herum, bei anderen dürfen Plastikblumen oder Windräder im Gras stecken.

Picknicke aber sind verboten, dazu geht es heutzutage in den Park. Ironischerweise liegen so manche von ihnen auf dem Gelände ehemaliger Friedhöfe. Für den bei Touristen und Studenten beliebten Washington Square Park in New York etwa begradigte die Stadt 1825 einen Armenfriedhof für Opfer ansteckender Krankheiten, um daraus zunächst einen Exerzierplatz und dann einen Park zu machen – die Gruften wurden nie umgebettet.

CHERRY BLOSSOM FESTIVAL

Rosa Völkerverständigung

Japanische Kirschen begeistern Romantiker – und Nervensägen.

Nur rund eine Woche blüht eine Japanische Kirsche. Dick gefüllte rosa Blütenbälle und zarte weiße Blättchen locken Tausende an, auch wenn die Blüten sich oft nicht nach dem Kalender richten mögen. Zwischen Mitte März und Anfang Mai veranstalten viele Orte *Cherry Blossom Festivals*. Eines der spätesten findet in Brooklyn statt, das bekannteste in Washington, das größte – mit 300.000 Bäumen – in Macon (Georgia).

Wenn Horden mit Kameras, Picknickkörben und Selfie-Sticks auf die blühenden Bäume losgehen, kann man einmal innehalten. Und über Vergänglichkeit nachdenken. Oder Nervensägen huldigen. Denn hätte nicht Eliza Ruhamah Scidmore ein Vierteljahrhundert lang der Verwaltung in Washington damit in den Ohren gelegen, dass das Ufer des Potomac von Zierkirschen gesäumt werden solle, dann müssten Kirschblütenfans heute noch nach Japan reisen. Von dort hatte Scidmore ihre Idee im Jahr 1885 mitgebracht.

Erst 1909 fand sie bei Präsidentengattin Helen Taft Gehör. Ein reicher japanischer Einwanderer und der Bürgermeister von Tokio verhalfen Washington bald darauf zu 3.000 japanischen Kirschbäumen. Im Jahr 1912 schlug die amerikanisch-japanische Freundschaft Wurzeln. Als einige Bäume dem Jefferson Memorial weichen sollten, ketteten sich sogar Demonstrantinnen an sie. Nachdem Japan die USA 1941 in Pearl Harbor angegriffen hatte, nannte Washington das Frühlingsspektakel allerdings lieber »orientalische« Kirschblüte.

Heute spielt die japanische Kultur bei den US-Kirschblütenfestivals wieder eine Rolle, auch wenn US-Alkoholgesetze die dort üblichen feuchtfröhlichen Picknicke unterbinden. Die Poesie der vergänglichen Schönheit inspiriert hingegen auch die Amerikaner. Auch wenn sie kaum an Samurai denken, wenn der Wind romantischen rosa Schnee ins Bild weht.

CHILDCARE
Eine teure Angelegenheit

Kinderbetreuung in den USA ist ein Bereich großer finanzieller Widersprüche.

Für den Besuch einer Kita zahlen Eltern durchschnittlich 10.000 Dollar im Jahr pro Kind, wobei die Kosten für Babys mit 15.000 Dollar im Jahr am höchsten sind. Da es in den USA keinen allgemeinen Mutterschaftsurlaub gibt, bleibt vielen Müttern, die ihren Arbeitsplatz nicht verlieren wollen, keine andere Wahl, falls sich niemand in der Familie findet, der die Betreuung übernehmen kann. Lediglich Frauen, die für ein Unternehmen mit mehr als 50 Mitarbeitern tätig sind und dort in den letzten zwölf Monaten mindestens 1.250 Stunden gearbeitet haben, können auf der Grundlage des *Family Medical Leave Act* bis zu drei Monate freinehmen, ohne fürchten zu müssen, die Arbeit zu verlieren. Der Arbeitgeber ist jedoch nicht verpflichtet, während dieser Zeit Lohn oder Gehalt weiter zu zahlen. Er muss lediglich die Krankenversicherung weiterführen und den Arbeitsplatz bereithalten.

Für die Tagesbetreuung von Babys gibt es zwar in allen Bundesstaaten finanzielle Unterstützung, sie deckt jedoch nur in drei Staaten die Kosten für die preiswerteste Unterbringung ab.

Trotz der horrenden Kosten gehören die Mitarbeiter der Kitas mit rund 11 Dollar pro Stunde zu den am schlechtesten bezahlten Arbeitnehmern in den USA. 40 Prozent der in diesem Bereich Arbeitenden sind nach Untersuchungen des American Center for Progress schwarze Frauen. Die Betreiber der Kindertagesstätten begründen die schlechte Bezahlung mit hohen Betriebskosten, insbesondere für die Miete und die Versicherung.

Eltern, die es sich leisten können, stellen oft *nannies* ein. Es fällt ihnen nicht schwer, Mitarbeiterinnen aus der Kita abzuwerben, da diese in privaten Haushalten mit durchschnittlich 19 Dollar pro Stunde wesentlich besser verdienen. Manche Leute stellen aber auch Frauen ohne Aufenthaltsgenehmigung ein und bezahlen sie vergleichsweise schlecht. In Streitfällen, insbesondere bei unvollständig ausgezahlten Löhnen, haben diese Frauen keine Möglichkeit, rechtlich dagegen vorzugehen.

Eine weitere Möglichkeit der Kinderbetreuung sind Au-Pairs, also junge Leute aus dem Ausland, aber da diese ganzjährig bei der Familie wohnen, muss die Wohnung oder das Haus groß genug sein, was wiederum oft nur bei Besserverdienenden der Fall ist.

CHINATOWN

Vom Ghetto zur Touristenattraktion

Ein Besuch in Chinatown erinnert daran, dass sich chinesische Einwanderer schwerlich über einen Kamm scheren lassen.

Die ersten Chinesen wurden Mitte des 19. Jahrhunderts als Gastarbeiter für den Berg- und Bahnbau ins Land geholt. Diskriminierung prägte ihren Alltag und spitzte sich mit einer Wirtschaftskrise zu: 1882 erließ der Kongress den *Chinese Exclusion Act* – das Gesetz verwehrte die Einbürgerung und demokratische Rechte wie Landbesitz oder die

Ehe mit Weißen. Aus China einreisen durften bis 1965 nur Diplomaten, Studenten und Kaufleute, und die verbliebenen Chinesen in den USA ballten sich in Vierteln, die abfällig *chinatown* genannt wurden. Menschen aus denselben Gegenden taten sich dort zu Gesellschaften wie der noch heute aktiven Chinese Consolidated Benevolent Association zusammen, die unter anderem Schulen und Tempel baute und Streit schlichtete – fast wie eine autonome Verwaltung.

Nach dem Ende des Einreiseverbots kamen deutlich wohlhabendere, oft hochgebildete Chinesen in die USA. So entstanden neue Chinatowns wie etwa das weltgrößte seiner Art in Flushing, einem New Yorker Vorort. Allein seine Restaurants machen die Vielfalt des riesigen Landes begreifbar: Neben den im Westen weit verbreiteten kantonesischen Gerichten kann man dort zum Beispiel mongolisch essen, sich an die pfeffrige Sichuan-Küche wagen, die Rezepte der Uiguren aus dem Nordwesten Chinas oder aus der Provinz Zhejiang am Ostchinesischen Meer probieren. In derselben Gegend leben zudem Einwanderer aus Korea, Taiwan, Indien, Pakistan, Bangladesch, Sri Lanka, Malaysia und Afghanistan.

Auch auf nationaler Ebene dominiert kein einzelnes Land die asiatisch-amerikanische Bevölkerung, die zwischen 2000 und 2015 von 11,9 auf 20,4 Millionen angestiegen ist. Den größten Zuwachs verzeichnen derzeit Einwanderer aus Bhutan, Nepal und Burma. Prognosen zufolge werden Asiaten im Jahr 2055 die größte Einwanderungsgruppe in den USA bilden.

CHURCH

Wem die Glocke schlägt

Rund ein Viertel der US-Bevölkerung bezeichnet sich als nicht religiös, der Rest sind mehrheitlich Christen, auch wenn ihre Zahl abnimmt – so wie in den meisten westlichen Ländern. Da enden die Gemeinsamkeiten allerdings.

In keinem westlichen Land sind Christen so religiös wie in den USA. Zwei Drittel von ihnen beten täglich, fast die Hälfte geht mindestens einmal pro Woche in die Kirche – fragt sich nur, in welche. Neben katholischen, mormonischen und russisch- oder griechisch-orthodoxen Gemeinden drängelt sich in den USA eine Vielzahl evangelischer Kirchen, etwa Baptisten, Pfingstgemeinden, Methodisten oder Lutheraner. So probieren manche Amerikaner nach einem Umzug erst einmal aus, in welcher Gemeinde sie sich am wohlsten fühlen.

Traditionell teilen sich US-Protestanten in drei große Blöcke: Die moderaten, für gesellschaftliche Veränderungen offenen *mainline protestants,* die fundamentalistischen, bibeltreuen *evangelicals* – deren Name allerdings inzwischen seine kirchliche Bedeutung an eine politische Interessengruppe verloren hat – und die *historically black protestants.* Deren Gemeinden wurzeln in Kirchen, die freie Schwarze zur Zeit der Sklaverei im Norden der USA gründeten und die berühmte Menschenrechtskämpfer wie Martin Luther King hervorbrachten.

Gottesdienste finden in den USA nicht nur in Landkirchen und Kathedralen, sondern auch in unscheinbaren Schuppen und stadionartigen *mega churches* statt – und via Internet. Mal steht die Predigt im Vordergrund, mal das Abendmahl, mal gibt es Orgelmusik, mal eine Band. Das Geld dafür stammt aus Spenden; eine Kirchensteuer gibt es nicht. Schließlich trennen die USA Kirche und Staat: Laut Verfassung darf die Regierung keiner Glaubensvorstellung – inklusive Atheismus – den Vorzug geben und die Ausübung einer Religion weder behindern noch unterstützen. Deshalb gibt es zum Beispiel keinen Religionsunterricht an öffentlichen Schulen, Schüler dürfen aber ein Kruzifix tragen – ebenso wie eine Kippa oder ein Kopftuch.

CHURCH

CIDER MILL

Frischer Apfelsaft und Donuts

Zur Erntezeit im September und Oktober besuchen viele Amerikaner, besonders im Mittleren Westen und im Nordosten, eine Mosterei, in der man ungefilterten, frisch gepressten Apfelsaft bekommen kann.

In den USA ist *apple cider* grundsätzlich alkoholfrei. Alkoholhaltiger Apfelwein wird als *hard cider* bezeichnet. Völlig unbehandelter Apfelsaft wird als *raw cider* angeboten und muss wie alle nicht pasteurisierten Säfte mit einer entsprechenden Warnung gekennzeichnet sein, um Menschen mit geschwächtem Immunsystem zu schützen.

Nicht selten sind *cider mills* an U-Pick-Farmen angeschlossen, also Obstplantagen, auf denen man selbst pflücken darf. So gut wie immer gibt es auch frische Donuts und andere Leckereien zu kaufen. Fahrten auf dem Heuwagen gehören ebenfalls oft zum Rahmenprogramm.

Die USA sind übrigens nach China der zweitgrößte Apfelproduzent der Welt. Die Bundesstaaten Washington, New York und Michigan führen die Erntestatistik innerhalb des Landes an. Die beliebtesten Apfelsorten sind Cortland, Red Delicious, Golden Delicious, Empire, Fuji, Gala, Ida Red, Macoun, McIntosh, Northern Spy und Winesap.

CLASSIC CAR NIGHT

Informelle Oldtimer-Ausstellung

Das Restaurieren von alten Autos ist eine beliebte Freizeitbeschäftigung in den USA, in den Sommermonaten trifft man sich besonders in kleinen Städten einmal in der Woche am Abend und zeigt seine Schätze.

Den Begriff »Oldtimer« für alte Autos kennen die Amerikaner nicht. Sie bezeichnen diese Fahrzeuge als *classic cars* oder *vintage cars.* Autos, die sich zum Restaurieren eignen, gibt es in vielen Preisklassen. Zum Einstieg und Üben eignen sich Straßenkreuzer aus den 1970er- und 1980er-Jahren, die man in relativ schlechtem, aber fahrbarem Zustand oft schon für wenige hundert Dollar bekommen kann. Wer beim Restaurieren bereits etwas Erfahrung gesammelt hat, wagt sich dann an Autos aus den vorhergehenden Jahrzehnten.

Bei den Classic Car Nights kann man meistens eine bunte Mischung von Autos aus dem 20. Jahrhundert begutachten. Die Fahrzeuge werden in der Regel im Stadtzentrum in einer abgesperrten Straße ausgestellt. Den anliegenden Geschäften und Restaurants ist es recht, denn zu diesen Abenden kommen oft Hunderte Menschen aus der näheren Umgebung, um sich die alten Autos anzusehen und mitunter auch, um mit den Besitzern zu fachsimpeln oder gar ein Fahrzeug zu kaufen. Die Atmosphäre ist freundlich und es treffen sich hier Menschen aus den unterschiedlichsten sozialen Schichten, die alle einem gemeinsamen Hobby frönen.

COED SPORT

Gemeinsam am Ball

In den USA gibt es gemischte Sportmannschaften, in denen Männer und Frauen spielen. Doch das läuft nicht immer reibungslos ab.

Der Begriff *coed* ist eine Abkürzung für *co-educational* und kommt aus dem Bildungswesen. Er wurde ab Ende des 19. Jahrhunderts verwendet, wenn eine Hochschule Studierende beider Geschlechter zuließ. In Bezug auf den Sport bedeutet er, dass Frauen und Männer gemeinsam in einem Team spielen können.

Wenn man Frauen und Männer gemeinsam Fußball, Basketball, Softball, Kickball oder Volleyball spielen sieht, handelt es sich um Teams in lokalen Freizeitligen. Da gibt es einerseits die Spaßligen, wo zumeist Arbeitskollegen und Freunde ein Team bilden. Da hier kein besonderes Talent erwartet wird, können alle mitmachen und Freude

am Spiel haben. Gerade Kickball, das nach Baseball-Regeln und mit Händen und Füßen gespielt wird, eignet sich dazu bestens, da niemand großartige Vorkenntnisse haben muss.

Besonders beim Fußball und beim Basketball gibt es aber auch leistungsorientierte Ligen. Hier kann man sich einfach zum Spielen anmelden, ohne jemanden zu kennen. Das macht den Umgang miteinander allerdings auch weniger freundschaftlich. Frauen beklagen immer wieder, dass Männer sie kaum in den Spielverlauf einbeziehen und oft so aggressiv auftreten, als hänge ihr Leben vom Spielergebnis ab. Hin und wieder hat das sogar Verletzungen zur Folge. Einige Ligen stellen daher bestimmte Regeln auf, die zum Beispiel ein Abspiel an Frauen zwingend vorschreiben; jedoch sehen diese darin eine Abwertung ihrer Fähigkeiten.

COMMENCEMENT SPEECH

Weisheiten fürs Leben

Wenn das Schuljahr zu Ende geht, gibt es an den Colleges und Universitäten riesige Abschlusszeremonien mit prominenten Rednern.

Schon der Abschluss der High School ist ein großes Ereignis, an dem oft die ganze Familie teilnimmt: Die Schüler und Lehrer sind festlich in den eigens dafür vorgesehenen Umhängen und Hüten gekleidet, jeder Schüler wird namentlich aufgerufen und erhält auf der Bühne das Abschlusszeugnis aus den Händen des Schuldirektors.

Die *commencement ceremonies* der Hochschulen sind jedoch mindestens eine Nummer größer. Nachdem die Studenten und ihre Familien viel Zeit und Geld in das Studium investiert haben, ist dies der Tag, an dem sich alles auszahlt, denn der Abschluss ebnet den Weg für die berufliche Karriere. Die Studenten und Professoren tragen auch hier festliche Umhänge und Hüte; diese Veranstaltungen finden traditionell meistens im Freien statt.

Für die Ansprache, die *commencement speech*, wird fast immer ein prominenter Redner verpflichtet. Das können Politiker, Wissenschaftler oder Künstler und selbst der Präsident der Vereinigten Staaten sein. Oft haben sie die jeweilige Bildungseinrichtung selbst besucht und bekommen an diesem Tag einen Ehrendoktor verliehen.

Commencement bedeutet nicht, wie man vermuten könnte, »Abschluss«, sondern vielmehr »Beginn«, und die Redner geben sich viel Mühe, den Studenten gute Ratschläge für ihr weiteres Leben mit auf den Weg zu geben. Sie erzählen zu diesem Zweck oft Anekdoten aus ihrem Leben und ermutigen die Studenten, sich nicht von Rückschlägen entmutigen zu lassen. Viele dieser Reden kann man auf YouTube anschauen und manche erreichen Kultstatus wie die von Stephen King am Vassar College im Mai 2001 und Steve Jobs an der Stanford University im Juni 2005. Beide sprachen über die Vergänglichkeit des Lebens.

SEAL OF THE PRESIDENT OF THE UNITED STATES

COMMUNITY COLLEGE

Berufsausbildung auf Amerikanisch

Eine bezahlte Berufsausbildung ist in den USA auf relativ wenige Unternehmen und Berufe, wie z. B. Elektriker, beschränkt. Viele Firmen beklagen sich zwar über einen Mangel an qualifizierten Arbeitskräften, erwarten aber trotzdem in der Regel, dass sich jeder selbst um seine Ausbildung kümmert und die Kosten dafür übernimmt.

Community Colleges bzw. Junior Colleges sind Bildungseinrichtungen, wo man entweder eine Berufsausbildung machen oder die ersten zwei Jahre eines vierjährigen College-Studiums absolvieren kann. Träger der Community Colleges sind meistens die Landkreise und mitunter auch die Städte. Finanziert werden sie aus Steuermitteln und Studiengebühren. Junior Colleges sind dagegen private Institutionen, die sich alleine aus Studiengebühren finanzieren und dementsprechend teurer sind. Die meisten Studenten an beiden Einrichtungen sind bereits berufstätig und gehen abends und am Wochenende zum Unterricht.

Das Unterrichtsangebot beinhaltet spezielle berufliche Ausbildungen, wie zum Buchhalter, Automechaniker, Zahnarzthelfer oder Grafikdesigner, sowie grundlegende akademische Studien, die dann an einer Universität mit zwei weiteren Jahren fortgeführt werden können. Damit lässt sich der zweijährige *associates degree,* den man am Community College bekommt, zum vierjährigen Bachelor ausbauen. Zahlreiche Studenten wählen diesen Weg, weil Community Colleges wesentlich billiger als akademische Colleges sind: Für das Studienjahr 2019–2020 betragen die Studiengebühren an einem Community College rund 4.000 Dollar, an einem öffentlichen College 10.000 Dollar und an einem privaten College 37.000 Dollar.

HW
Harold Washington
CCC.EDU | 773.COLLEGE
EDUCATION THAT WORKS
WITHOUT ALL OF THE DEBT
CITY COLLEGES OF CHICAGO
CCC.EDU | 773.COLLEGE
THE STEADFAST TIN SOLDIER

29

COMMUNITY GARDEN

Schrebergärten auf Amerikanisch

Kleingartenanlagen wie in Deutschland gibt es in den USA nicht. Einige Städte haben jedoch Gemeinschaftsgärten, in denen man ein Stückchen Land bewirtschaften kann.

Die ersten Gemeinschaftsgärten wurden Mitte der 1890er-Jahre in Detroit eingerichtet, als viele Arbeiter aufgrund einer Wirtschaftskrise arbeitslos waren. Andere Städte folgten diesem Beispiel. Weitere Höhepunkte der frühen Kleingartenbewegung in den USA gab es während der beiden Weltkriege, als jeweils mehr als fünf Millionen Amerikaner sogenannte *victory gardens* anlegten, um die Lebensmittelversorgung des Landes zu unterstützen. In den 1960er- und 1970er-Jahren erlebten Gemeinschaftsgärten aufgrund der wachsenden Umweltbewegung einen erneuten Aufschwung, der bis heute anhält: Mehr als 18.000 Gemeinschaftsgärten in den USA und Kanada sind Mitglied in der American Community Gardening Association.

Community gardens sollten jedoch nicht mit *urban farms* verwechselt werden. Während es sich bei Letzteren eher um kleine landwirtschaftliche Betriebe handelt, die in erster Linie für den Verkauf produzieren, dienen *community gardens* ausschließlich der Eigenversorgung und ähneln kleinen Schrebergärten, allerdings ohne Gartenlauben und Obstbäume, denn der Boden, den in der Regel die Kommune auf das Drängen von Kleingärtnerinitiativen zur Verfügung gestellt hat, wird vielerorts im Herbst umgepflügt und teilweise im Frühjahr auch neu an die Kleingärtner verteilt.

Gegen eine geringe Jahresgebühr erhalten diese ihr Gartenstück und können Gemüse, Blumen und Kräuter anbauen. So sparen sie Geld für Lebensmittel, wissen wo ihr Gemüse herkommt und lernen zudem Gleichgesinnte kennen. Oft gibt es auch einige Hochbeete, an die mit einem Rollstuhl herangefahren werden kann oder an denen sich alte Menschen nicht bücken müssen.

CHIVES 17

30

COMMUNITY SUPPORTED AGRICULTURE

Ein Abo für frische Lebensmittel

Neben dem Einkauf auf dem Farmers Market gibt es eine weitere Möglichkeit, Gemüse direkt von einem Bauern aus der Region zu erhalten: *Community Supported Agriculture* (CSA).

So funktioniert es: Der Farmer verkauft im Voraus Anteile *(shares)* seiner Ernte. Diese Anteile werden umgangssprachlich oft einfach »CSA« genannt. Dafür bekommt der Kunde dann jede Woche einen Karton oder Korb bzw. eine Tüte mit einer Auswahl an frischem Gemüse, die sich danach richtet, was gerade geerntet wurde.

Ein Beispiel: Eine Farm nahe Chicago bietet Kunden einen *small share* für 400 Dollar und einen *large share* für 600 Dollar. Die Erntezeit geht von Mitte Juni bis Mitte Oktober, insgesamt 20 Wochen. (In anderen Regionen sind die Erntezeiten unter Umständen wesentlich länger.) Die Kosten liegen also bei 20 bzw. 30 Dollar pro Woche. Im kleinen Erntekorb (für 1–2 Personen) finden sich 6–7 verschiedene Gemüse und im großen Korb (für 2–5 Personen) gibt es 8–10 verschiedene Gemüse.

Seinen Anteil holt man dann an einem festgelegten Ort ab, d. h. der Farmer kommt einmal in der Woche mit den Kartons oder Tüten an einen zentralen Ort in der Stadt.

Derzeit bieten mehr als 4.000 Farmen CSA-Beteiligungen an.

CONSERVATORIES

Großstadt-Oasen unter Glas

Die USA sind ein lohnendes Reiseziel für Freunde riesiger Gewächshäuser aus dem 19. Jahrhundert. Wegen fehlender Kriegseinwirkungen befinden sie sich nahezu im Originalzustand.

In der zweiten Hälfte des 19. Jahrhunderts schritt die Industrialisierung Amerikas ungehemmt voran. Fabrik reihte sich an Fabrik, und der Qualm aus ihren Schloten verdunkelte den Himmel über den Städten. Mittendrin wohnten die Arbeiter in mehr oder weniger dürftigen Unterkünften. Die Menschen sehnten sich nach der Natur, besonders im Winter. Daraufhin wurden in einer Vielzahl von Großstädten *conservatories* für die Öffentlichkeit gebaut, nachdem ähnliche Glasbauten zuvor hauptsächlich von Krankenhäusern zur Arzneimittelherstellung und -forschung betrieben wurden.

Das Lincoln Park Conservatory in Chicago ist ein gutes Beispiel. Es

wurde von 1890 bis 1895 gebaut und umfasst fünf gläserne Räume mit einer Gesamtfläche von 1,2 Hektar. Besonders bemerkenswert ist ein Raum, in dem sich nur Farne und Moose befinden. In den anderen Räumen kommen aber auch Liebhaber von Orchideen und farbenfrohen tropischen Pflanzen auf ihre Kosten. Der Eintritt ist, wie beim unmittelbar daneben liegenden Lincoln Park Zoo, frei. Vor dem Gewächshaus gibt es zudem eine der schönsten Parkanlagen in Chicago mit einem Original-Springbrunnen aus dem Jahr 1887 und einem Schiller-Denkmal, das deutsche Einwanderer im Jahr davor errichtet hatten.

Der Begriff *»conservatory«* wird in den USA übrigens nicht nur für diese Art Gewächshäuser verwendet, sondern auch (so wie wir es vom deutschen »Konservatorium« kennen) für klassische Musikschulen.

CORN

Maisanbau in den USA

Wer durch das ländliche Amerika fährt, insbesondere im Mittleren Westen, kann sie nicht übersehen: Maisfelder sind überall. Daraus wird Tierfutter, Treibstoff, Essen – und ein Freizeitvergnügen.

Die US-Anbaufläche für Mais *(corn)* beträgt rund 400.000 Quadratkilometer und ist damit in etwa so groß wie Deutschland und die Schweiz zusammen. Sojabohnen liegen knapp dahinter. Die Anbaufläche von Weizen ist jedoch nur halb so groß wie für Mais. Für den Maisanbau allein werden jedes Jahr rund 23.000 Kubikkilometer Wasser verwendet, das entspricht in etwa der Wassermenge in den Großen Seen! Hinzu kommen beinahe sechs Millionen Tonnen Düngemittel, die dann zum Teil ins Grundwasser, in die Flüsse und Seen und letztendlich auch Ozeane gelangen.

65 Prozent der Maisernte gehen in die Tiermast, 13 Prozent werden zur Erzeugung des Treibstoffs Ethanol verwendet und nur rund 12 Prozent werden von Menschen verspeist, wobei ein Großteil in die Herstellung von Maissirup *(high fructose corn syrup)* geht, der in den USA zum Süßen von Limonaden und Colagetränken verwendet wird. Maissirup fördert jedoch die Fettsynthese wesentlich stärker als herkömmlicher Zucker, der aus Zuckerrüben oder Zuckerrohr gewonnen und in Europa meist zum Süßen verwendet wird. Deshalb gilt *high fructose corn syrup* als eine der Ursachen für Übergewicht und Fettleibigkeit in den USA.

Im Herbst kann man einige Kalorien verbrauchen, indem man durch ein *corn maze* läuft. Das sind große Labyrinthe, die in unterschiedlichen Schwierigkeitsgraden in Maisfelder hineingemäht werden.

COUNTY FAIR

Volksfest auf dem Lande

Viele Landkreise *(counties)* veranstalten im Spätsommer eine Mischung aus Rummel und Landwirtschaftsausstellung.

County Fairs, die mitunter auch *Community Fair* heißen, finden immer an mehreren Tagen und auf riesigen Geländen statt, da unter anderem Parkplätze für Hunderte, wenn nicht gar Tausende Autos vorhanden sein müssen. Im Mittelpunkt steht meistens ein Rummelplatz, komplett mit Riesenrad und Imbissbuden.

Daneben gibt es ein umfangreiches Unterhaltungsprogramm, zu dem oft Rodeos sowie Live-Shows von Bands, aber auch *Demolition Derbies* und *Tractor Pulling* gehören. Bei einem *Demolition Derby* rammen sich alte Autos, bis sie außer Gefecht gesetzt sind, beim *Tractor Pulling* ziehen aufgemotzte Traktoren einen Bremswagen so weit sie können. Mitunter gibt es Preise für diejenigen, die den längsten Bart oder das schönste Muhen vorweisen können, aber auch für die Gewinner bei Schweinerennen, beim Gummihuhnwerfen sowie bei Koch- und Backwettbewerben.

Ein fester Bestandteil von *County Fairs* ist auch die Ausstellung, Bewertung und Versteigerung von Nutztieren, die von Kindern und Jugendlichen gehalten wurden. In den USA gibt es 90.000 *4-H Clubs,* in denen 6,5 Millionen Kinder und Jugendliche Kenntnisse in Sachen Landwirtschaft erwerben. »*4-H*« steht für *head, heart, hands, health.*

34

CRAZY HORSE

Das Gegenstück zu Mount Rushmore

Seit mehr als siebzig Jahren arbeitet die Familie Ziolkowski daran, einen Berg in den Black Hills in eine der größten Skulpturen der Welt zu verwandeln. Das Denkmal für Lakota-Häuptling Crazy Horse in South Dakota wird achtmal so hoch sein wie die Sphinx in Ägypten.

Nachdem Tasunke Witko, besser bekannt als Crazy Horse, 1876 die Truppen von General George Armstrong Custer in der Schlacht am Little Big Horn vernichtend schlug, wurde er zum Symbol indianischen Widerstands. Aber nur ein Jahr später wurde Crazy Horse in Gefangenschaft getötet.

Am 3. Juni 1948 begann Bildhauer Korczak Ziolkowski im Beisein von fünf indianischen Überlebenden der Schlacht am Little Big Horn mit einer ersten Sprengung die Arbeiten an der Skulptur. Das nur siebzehn Meilen von den vier Präsidentenköpfen am Mount Rushmore entfernte Crazy Horse Memorial soll der Welt zeigen, »dass auch der rote Mann Helden hat.« Das war der Wunsch von Häuptling Henry Standing Bear, als er Korczak Ziolkowski mit der Errichtung des Denkmals beauftragte.

Bis zu seinem Tod im Jahr 1982 trug die Crazy Horse Memorial Foundation unter Leitung des Bildhauers bereits Tausende Tonnen Gestein ab und baute Straßen und Gebäude auf dem umliegenden Gelände. Die Arbeit wird heute von seiner Familie fortgesetzt. Eine Million Menschen kommen jährlich, viele davon zum wiederholten Mal, um den Fortschritt der Arbeiten zu sehen.

Das Projekt finanziert sich durch Spenden und Eintrittsgelder. Staatliche Hilfe haben die Ziolkowskis abgelehnt, um ihre Unabhängigkeit zu wahren. Nach der Fertigstellung sollen alle Einnahmen den amerikanischen Ureinwohnern zukommen. Unter diesen ist das Projekt allerdings umstritten, da ihnen die Black Hills heilig sind.

Crazy Horse selbst hätte bestimmt einem Abbild seiner selbst nicht zugestimmt, weigerte er sich zu Lebzeiten doch hartnäckig, auch nur fotografiert zu werden.

35

CURB YOUR DOG
Gossenhunde

Darum tritt man in den USA selten in Hundehaufen.

An Fiffis Hintern hängt eine ganze Industrie. Sie stellt Schilder her, Tüten und Behälter für die Tüten, komplett mit Clip, von dem sie an der Leine baumeln. Denn Hundehaufen sind in den USA verpönt, sie sollen weder auf Gehwegen noch in Vorgärten, auf Parkwiesen oder in den Rabatten rings um Straßenbäume auftauchen. So bücken sich Hundebesitzer beim Gassi gehen, packen mit geübtem Griff ein Häufchen in die Tüte und laufen mit der warmen Füllung – auch im Gedränge der Großstädte – bis zum nächsten Abfalleimer. Manche Leute bewerkstelligen die delikate Angelegenheit sogar mit speziellen Greifstöcken.

Hunde dürfen auch nicht einfach an jeden Baum pinkeln. Während sich auf dem Land kaum jemand um das Revierverhalten der Vierbeiner schert, haben viele Städte erkannt, dass Hundeharn Straßenbäume schädigt. Statt am Baum landen die Tiere in der Gosse, also am Straßenrand *(curb)*, um das kleine Geschäft zu erledigen – auch Zigarettenkippen werfen viele Amerikaner eher dorthin als auf den Gehweg.

Pauschal gilt: Je reicher das Viertel, desto vehementer die Verbote. Zudem gibt es Gegenden, in denen die Menschen andere Probleme haben – zum Beispiel Artgenossen, die sich wie Schweine benehmen.

DEBT
Schulden über Schulden

Der durchschnittliche Amerikaner hat 38.000 Dollar Schulden, und da sind Hypotheken für Immobilien noch gar nicht mit eingerechnet.

Aufgrund der hohen Lebenshaltungskosten, insbesondere in den Bereichen Wohnen und Gesundheit, haben 60 Prozent der Amerikaner nicht einmal 1.000 Dollar, auf die sie im Notfall, zum Beispiel bei einer Autoreparatur, zurückgreifen können. Stattdessen müssen sie Kreditkarten nutzen.

Die durchschnittliche Zinsrate für Kreditkarten beträgt allerdings mehr als 17 Prozent, sodass es dann vielen schwer fällt, ihre Schulden schnell abzuzahlen. Oft nehmen sie dann noch eine zweite und eine dritte Kreditkarte hinzu und landen so in einem Teufelskreis der Verschuldung. Wer besonders dringend Geld braucht und alle anderen Möglichkeiten ausgeschopft hat, nimmt sogenannte *payday loans* auf, kurzfristige Darlehen mit horrenden Zinsen.

Bei vielen geht es mit dem Studium los: Aufgrund der hohen Studiengebühren sind fast 45 Millionen Amerikaner verschuldet. Die meisten von ihnen stehen mit 25.000 bis 50.000 Dollar in der Kreide, aber es gibt auch mehr als eine halbe Million Menschen, die über 200.000 Dollar schulden. Drei Millionen Amerikaner über 60 Jahre zahlen immer noch ihre Studienkredite zurück.

Die hohe Verschuldung der Bevölkerung kann schwerwiegende Wirtschaftskrisen auslösen, wie beim Zusammenbruch des Hypotheken- und Immobilienmarktes in den Jahren 2007 und 2008. Experten warnen, dass ähnliche Krisen auch durch Studienkredite und Kreditkarten ausgelöst oder vertieft werden könnten, wenn nämlich irgendwann die Masse der Leute nicht mehr in der Lage ist, ihren Zahlungsverpflichtungen nachzukommen.

DESERT
Die Wüste lebt

Jedes Jahr im März ziehen blühende Wüsten Touristen an. Doch hinter der Naturkulisse spielt sich eine menschliche Tragödie ab.

Nur selten regnet es in den Wüsten im Südwesten der USA. Fledermäuse trinken den Nektar des Orgelpfeifenkaktus, der nur nachts seine Blüten öffnet. Ins saftige Fleisch des bis zu 12 Meter hohen Saguaro-Kaktus hackt sich der Gilaspecht einen Platz für sein Nest; seine Eier klaut zuweilen ein *gila monster,* eine hochgiftige Krustenechse. Kojoten heulen auf der Suche nach Känguruhratten, Klapperschlangen oder Aas.

Das Skelett in der Wüste gehört neben den Riesenkakteen zu den beliebtesten Motiven aus Abenteuerfilmen, die in Texas, Arizona, Kalifornien oder New Mexico spielen. Diese Todesgefahr müsste doch auch Grenzübertreter aus Mexiko abschrecken, dachten Politiker Mitte der 1990er-Jahre, nachdem die Zahl der Einwanderer aus dem Süden stark angestiegen war. Doch die Rechnung ging nicht auf. Seit die Grenzpolizei um El Paso und

andere Städte Zäune aufgestellt hat, schicken Menschenschmuggler die Notleidenden buchstäblich in die Wüste. Für viele von ihnen wird der tagelange Marsch zur Todesfalle. Um das zu verhindern, stellen Bürgerinitiativen Wassertanks auf.

Weil auch Drogenhändler die Wüstenroute ausprobierten, galt das Organ Pipe Cactus National Monument in Arizona bereits Ende der 1990er-Jahre als der gefährlichste Nationalpark der USA; 11 Jahre lang war er für Besucher gesperrt. Heute hören Wanderer dort mitunter Militärhubschrauber. Hunderte Grenzpolizisten gefährden mit ihren Patrouillenfahrzeugen die atemberaubende Wüstenlandschaft. Unterdessen kommt seit 2007 der Großteil der *undocumented immigrants* gar nicht zu Fuß, sondern mit dem Flugzeug und ganz legal ins Land – verlässt es nur nicht wieder. Im Jahr 2017 sind schätzungsweise 600.000 Menschen nach Ablauf ihres Visums illegal in den USA geblieben; an der südlichen Grenze wurden 300.000 aufgegriffen.

DINER

Nostalgisch speisen

Hamburger, Sandwich, Omelette, *fried chicken*, Hackbraten. Im klassischen US-Diner ist die Speisekarte meist ellenlang, das Ende ist trotzdem in Sicht: Kuchen für den Nachtisch stehen im Glasschrank oder auf dem Tresen.

Nach heutigen Maßstäben strotzt die Speisekarte eines *diner* vor fettlastigem, ungesundem Essen; früher einmal sollte genau das dafür sorgen, dass Zeitungsdrucker und Schichtarbeiter des beginnenden Industriezeitalters nicht vom Fleische fielen. *Diner* kamen Ende des 19. Jahrhunderts auf, zunächst als *lunch wagons* – lange Wagen, die mit ihrer halbmobile Form ein Schlupfloch im Regelwerk örtlicher Geschäftszeiten schufen. Rund um die Uhr boten sie an ihrem bestuhlten Tresen günstiges Essen.

In seiner Blütezeit zwischen den 1930er- und 1960er-Jahren entwickelte der *diner* sein typisches Aussehen: Von außen teilweise im Waggon-Look, teilweise als Juwel am Straßenrand, entweder mit Art

Deco-Elementen oder mit 50er-Jahre-Stahl und Neonreklame. Drinnen gibt es freistehende Tische, *booths* (Tischnischen mit gepolsterten Bänken) oder beides, immer aber einen Tresen samt einer Reihe meist fest montierter Hocker.

Zunächst schienen Fast-Food-Restaurants die *diner* zu verdrängen. Doch bereits Ende der 1970er-Jahre wurde sein Design zum gefragten Retro-Stil. Dass das Personal oft viele Jahre bleibt und Stammkunden mit Namen begrüßt, stärkt seinen Reiz.

Viele *diner* sind heute noch 24 Stunden am Tag geöffnet. Auch kann man dort zu jeder Tageszeit Frühstücksgerichte wie *pancakes* (dicke Pfannkuchen mit Ahornsirup), *biscuits and gravy* (Gebäck mit Bratensoße) oder Rühr- oder Spiegelei mit *home fries* (Bratkartoffeln) und Toast bestellen – und natürlich Kaffee. Das hat *diner* von jeher bei Nachteulen beliebt gemacht – und inspirierte unter anderem Edward Hoppers berühmtes Nighthawks-Gemälde.

DIRECTIONS

Wie Amerikaner den Weg beschreiben

Wer in den USA nach dem Weg fragt, sollte schon mal den inneren Kompass anstellen.

Himmelsrichtungen spielen eine wesentliche Rolle, wenn Amerikaner einen Weg beschreiben oder wenn sie sich im Verkehr orientieren. Man sollte daher in Straßennamen unbedingt auf eingefügte Himmelsrichtungen (N, S, W, E) achten, zum Beispiel *2000 W Main Street.* Wer das übersieht, kann schnell an der falschen Adresse landen, denn es ist gut und gerne möglich, dass es auch eine *2000 E Main Street gibt.*

Auch Straßenkreuzungen werden häufig genannt, um einen Ort zu bestimmen. *The office is near State and Main,* besagt, dass sich das Büro in der Nähe der Kreuzung von State Street und Main Street befindet.

Wichtig ist auch der Begriff *block.* Ein *block* wird durch die Häuser und Grundstücke, die zwischen zwei Straßen liegen, gebildet. Das spiegelt sich dann in den Hausnummern wider. Nehmen wir einmal an, es gibt die Adressen 2101 auf der einen und 2102 auf der anderen Straßenseite, und so weiter. Wenn dann eine Querstraße kommt, gehen die Hausnummern danach mit 2201 und 2202 weiter. Wenn es sich um eine große Querstraße handelt, können die Nummern sogar auf 3000 springen. Der Wechsel soll anzeigen, dass ein neuer *block* beginnt. In Wegbeschreibungen wird daher oft eine bestimmte Anzahl von *blocks* angegeben, die man entlang fahren oder gehen muss, um an ein bestimmtes Ziel zu kommen. Ein Beispiel: Die gesuchte Adresse liegt vier Straßen weiter in westlicher Richtung, also *four blocks to the West.*

DIRT ROADS

Wenn die Straße zum Waschbrett wird

Das Straßennetz der USA umfasst etwa vier Millionen Meilen. Rund ein Drittel davon hat eine Fahrbahnoberfläche, die lediglich aus festgefahrenem Sand oder Schotter besteht.

Hauptsächlich auf dem Land, aber mitunter auch in Städten, können Autofahrer plötzlich auf ein Hinweisschild mit der Aufschrift *»pavement ends«* (»Straßenbelag endet«) treffen und sich auf einer *dirt road* wiederfinden: einer unbefestigten Straße, die in der Regel nur von Anwohnern befahren wird.

Um 1900 waren so gut wie alle Straßen in den USA unbefestigt und die Bürgersteige bestanden zumeist aus Holzplanken, damit die Menschen auf nassen Straßen nicht durch den Schlamm laufen mussten. In Großstädten wurden die Fahrbahnen später hauptsächlich mit Ziegelsteinen gepflastert. Kopfsteinpflaster ist in den USA sehr selten, kann aber vereinzelt noch in alten Städten, vor allem an der Ostküste und im Süden, gefunden werden.

In der Regel sind *dirt roads* heutzutage recht gut instand gehalten, man sollte aber trotzdem die Augen nach Schlaglöchern und holprigen Abschnitten offen halten, die an altmodische Waschbretter erinnern. Bei Regen oder Schneefall kann es zudem recht rutschig werden. Wenn man sich die Fahrzeuge nach einer Fahrt auf schlammiger Straße ansieht, macht das Wort *dirt* (Schmutz) tatsächlich Sinn. Wer täglich auf derartigen Straßen fahren muss, kauft sich daher früher oder später einen Geländewagen oder einen *pickup truck* mit Allrad-Antrieb.

DOG PARK

Freiheit mit Törchen

In vielen US-Städten gilt Leinenzwang, und das betrifft meist auch Parks und Strände. Trotzdem bekommen Hunde Auslauf – meist sogar in guter Gesellschaft.

»Hunde sind an der Leine zu führen!« Solche Vorschriften, vielleicht ein wenig freundlicher formuliert, kennen die meisten Amerikaner zur Genüge. In Naturschutzgebieten und Nationalparks versteht sich das beinahe von selbst. Ab den 1970er-Jahren setzten aber auch Großstädte der Hundefreiheit Grenzen, etwa in öffentlichen Parks. Bis heute schützt die Leinenpflicht Wildtiere und Menschen vor dem Jagdtrieb der Vierbeiner – obendrein sind Picknickdecken vor Hundehaufen so gut wie sicher. Aber Tiere brauchen nun einmal Auslauf – wo sollen sie toben, wenn man keinen Garten hat?

Dann bekommen unsere Lieblinge eben ihre eigenen Parks, dachten sich findige Hundefans in Kalifornien Ende der 1970er-Jahre. Damit kein Tier entwischt, sind diese Mini-Parks umzäunt und mit zwei hintereinanderliegenden Toren versehen. Heutzutage ist bei der Gestaltung auch das Sozialverhalten der Tiere von Betracht: Damit es nicht gar zu rau zugeht, sind einige *dog parks* nach Hundegrößen unterteilt, manchmal gibt es sogar Rampen, Röhren, Ruheecken oder Schwimmbecken, wo die Hunde miteinander spielen können.

Da auf vielen städtischen Grünflächen ein Verstoß gegen die Leinenpflicht mit Geldbußen geahndet wird, haben sich *dog parks* im ganzen Land verbreitet, meist auf Initiative engagierter Hundebesitzer. Allein in den 100 größten US-Städten gab es 2009 rund 466 *dog parks;* zehn Jahre später sind es 810. Sie zählen auch zu den Anzeichen für Gentrifizierung: Oft tauchen *dog parks* in einer weniger gut betuchten Nachbarschaft auf, wenn sich wohlhabende Leute dort niederlassen.

Broadway
MAD.
SQ.
PK.
THEY POOP
YOU SCOOP!!

DRIVE-IN & DRIVE-THRU

Perfekte Kombination aus Essen und Bewegungsarmut

Die USA sind das Heimatland des Drive-In. Durch diesen fährt man aber nicht hindurch, denn dafür gibt es den *drive-thru*.

Beim Drive-In-Restaurant fährt man an das Gebäude heran, parkt zwischen den anderen rings ums Gebäude stehenden Autos, kurbelt die Scheibe herunter und wartet, bis die Bedienung zum Auto kommt und die Bestellung entgegennimmt. Einige Minuten später wird das Bestellte gebracht und in der Regel auf ein Tablett gestellt, das am heruntergekurbelten Fenster festgemacht wird. Wenn man mit dem Essen fertig ist, wird das leere Tablett abgeholt und man fährt davon.

Der erste Drive-In wurde 1921 in Dallas unter dem Namen Pig Stand eröffnet. Die Firma gleichen Namens, die als erstes Restaurant in Amerika *fried onion rings* anbot und die heute noch Filialen in Beaumont, San Antonio und Houston betreibt, wuchs schnell – und die Idee fand viele Nachahmer. Anfang der 1950er-Jahre trieb die Drive-In-Kette Sonic den Einsatz von Wechselsprechanlagen voran, über die man das Essen bestellen konnte.

McDonald's hat den Niedergang der Drive-In-Restaurants eingeläutet, als es die Kunden dazu bewegte, sich das Essen selbst vom Gebäude zu holen, statt es sich bringen zu lassen. Heutzutage sind Drive-In-Restaurants nur noch selten zu finden.

Beim 1951 von der Kette Jack in the Box eingeführten *drive-thru* wird einem das Essen aus einem Seitenfenster *(drive-up window)* des Restaurants ins Auto gereicht, nachdem man es zuvor über eine Wechselsprechanlage bestellt hat. Die meisten Fast-Food-Restaurants haben heute diesen Service. Es gibt aber auch Banken, Apotheken und andere Geschäfte, die einen *drive-thru* haben. In Las Vegas kann man sogar in einem speziellen *drive-thru* (Little White Wedding Chapel) heiraten.

TIME TO EAT
Year Round Curb Service
THANK YOU
DET. FREE PRESS
5 DRIVE INS
IN MICHIGAN
Let Your Car Hop Do The Walking
Chick Inn
DRIVE-IN

DRIVER'S LICENSE

Keine Frage des Alters

In den USA kann man sowohl Vierzehnjährige als auch Hundertjährige hinter dem Steuer sehen – mit unterschiedlichen Konsequenzen.

80 Prozent der über Siebzigjährigen in den USA hat noch einen gültigen Führerschein. Alleine in Florida gibt es mehr als 65.000 Autofahrer, die zwischen 91 und 100 Jahre alt sind, sowie rund 500 älter als 100. Jüngere Leute regen sich manchmal über die mitunter recht langsam und vorsichtig fahrenden Senioren auf, aber immerhin weisen die Autofahrer über 90 die niedrigste Unfallrate aller Altersgruppen auf. Ein anderes Bild vermitteln die Medien, insbesondere mit Meldungen über ältere Fahrer, die Gaspedal und Bremse verwechseln und durch das Schaufenster eines Ladens fahren oder mit dem Auto in einem Swimmingpool landen.

Verdient hätten diese Berichte eher Fahrer unter 20, denn diese Gruppe hat die höchste Unfallrate. In den meisten Bundesstaaten können bereits Fünfzehnjährige das Autofahren erlernen und mancherorts sogar Vierzehnjährige. Das Fahren lassen sie sich oft in der Schule beibringen. Bis sie ein bestimmtes Alter erreicht haben, meistens 17 oder 18, bekommen sie einen vorläufigen Führerschein, an den, abhängig vom Bundesstaat, spezielle Bedingungen geknüpft sind. So ist oft das Fahren am späten Abend und während der Nacht ohne einen mitfahrenden Erwachsenen verboten.

Der Führerschein hat eine Doppelfunktion als Personalausweis. Auch diejenigen, die keine Fahrerlaubnis erwerben, können einen Ausweis bekommen, der wie ein Führerschein aussieht. Da dieses Dokument von der Größe einer Kreditkarte beim Kauf von Alkohol vorgezeigt werden muss, ist es in vielen Staaten für alle unter 21 Jahren, dem Mindestalter für legalen Alkoholkonsum, zur leichteren Erkennung nicht im regulären Querformat sondern im Hochformat angelegt.

Alkohol ist auch der Hauptgrund, warum 1,5 Millionen Autofahrer jedes Jahr ihren Führerschein vorübergehend loswerden, und zwar beim ersten Verstoß in der Regel für 90 Tage und beim zweiten für 12 Monate. Mehr als die Hälfte aller tödlichen Unfälle unter Alkoholeinfluss werden von Autofahrern im Alter zwischen 21 und 34 Jahren verursacht.

DRY COUNTIES & DRY TOWNS

Wo die Prohibition noch lebt

1933 wurde das landesweite Alkoholverbot in den USA, die Prohibition, durch den 21. Zusatzartikel zur Verfassung aufgehoben. Dieser übertrug die Gesetzgebung zum Alkoholkonsum an die einzelnen Staaten. Mississippi schaffte als letzter Bundesstaat 1966 die vollständige Prohibition ab, in verschiedenen Verwaltungsbezirken *(counties)* und Städten in zwei Dutzend Staaten gilt jedoch bis heute noch ein Verkaufsverbot.

Dry towns bzw. *dry counties* befinden sich hauptsächlich im Süden der USA. Ihre Zahl hat allerdings in den letzten Jahren abgenommen, und die Gesetzgebung unterscheidet sich sehr von Staat zu Staat.

In Texas gibt es 254 *counties,* davon sind nur noch fünf vollkommen *dry* (trocken), d.h. mit einem kompletten Verkaufsverbot für Alkohol belegt. 1986 galt dieses noch in 62 *counties.* 55 *counties* waren 2019 uneingeschränkt *wet* (nass) und 194 *moist* (feucht). In manchen dieser 194 *moist counties* ist nur der Verkauf von Bier erlaubt, in anderen dürfen nur Getränke mit bis zu 14 Vol.-% Alkohol, also Bier und Wein, verkauft werden. In manchen gibt es härtere Spirituosen ausschließlich in gastronomischen Einrichtungen.

In Tennessee sind zehn der 95 *counties dry,* zehn *wet* und 75 *moist.* Zu den trockenen Verwaltungsbezirken gehört auch Moore County, wo in der Stadt Lynchburg die Whiskey-Marke Jack Daniels produziert wird. In deren Fabrik darf nur aufgrund einer Sondererlaubnis Whiskey an Touristen verkauft werden.

Während es oft die Städte sind, die in trockenen *counties* eine Ausnahme bilden und diese *counties moist* machen, gibt es mitunter auch trockene Städte in *counties,* die keine Einschränkungen machen. So hat New Jersey keine *dry counties,* aber 30 *dry towns.*

In zahlreichen Reservaten kann man auf Beschluss der Stammesräte keine alkoholischen Getränke kaufen, um auf diese Weise dem Alkoholismus entgegenzuwirken.

JACK DANIEL'S
OLD No 7 BRAND
BARREL SHOP

ELECTION DAY

Warum in den USA dienstags gewählt wird

In den USA gehen die Wahlberechtigten an einem normalen Arbeitstag zu den Urnen. Damit sind jedoch viele von ihnen nicht mehr einverstanden.

1845 legte der Kongress den Dienstag nach dem ersten Montag im November als Wahltag auf Bundesebene fest. Damals war das sinnvoll. Denn viele Wähler in ländlichen Gegenden brauchten bis zu zwei Tage, um zu einer Ortschaft und damit zu ihrem Wahllokal zu gelangen, da sie oft weit verstreut auf ihren Farmen lebten. Der Sonntag als heiliger Ruhetag verbat sich allerdings als Reisetag, und am Montag hätte es so mancher nicht zum weit entfernten Wahllokal geschafft. Daher wurde der Dienstag zum Wahltag.

Der Termin Anfang November wurde gewählt, da die Ernte zu diesem Zeitpunkt abgeschlossen und der Winter in der Regel noch nicht hereingebrochen war. Da der erste Dienstag im November gleichzeitig der 1. November, also Allerheiligen, sein kann, wird am Dienstag nach dem ersten Montag gewählt. Die

Wahlen auf Bundesebene finden immer in geraden Jahren statt, und die meisten Bundesstaaten und Kommunen richten ihre Wahlen aus Kostengründen am selben Tag aus.

An den Wahllokalen gibt es in den Morgen- und Abendstunden oft erheblichen Andrang, weil viele Leute vor oder nach der Arbeit wählen gehen. Wer weit entfernt arbeitet, schafft es unter Umständen überhaupt nicht ins Wahllokal. Deshalb geben mittlerweile Millionen Amerikaner ihre Stimme per Briefwahl ab, mehr als die Hälfte der Bundesstaaten erlauben das mittlerweile ohne Angabe von Gründen.

Einige Gewerkschaften haben zudem durchgesetzt, dass ihre Mitglieder am Wahltag nicht arbeiten müssen. Manche Unternehmen geben ihren Mitarbeitern auch frei oder ermöglichen flexible Arbeitszeiten. Versuche einzelner Demokraten, den Wahltag zu einem landesweiten Feiertag zu machen, fielen bisher nicht auf fruchtbaren Boden. Einige Bundesstaaten haben daher diesen Tag von sich aus zum Feiertag erklärt.

46

FINGERS CROSSED

Wie die Amerikaner die Daumen drücken

Mit der Geste des Daumendrückens erntet man in den USA nur Unverständnis, denn die Amerikaner machen das anders.

Während die Deutschen die Daumen drücken, kreuzen die Amerikaner die Finger, genau genommen den Mittelfinger über den Zeigefinger. Wie im Deutschen kann man dies auch ausschließlich verbal, ohne die dazugehörige Handbewegung, ausdrücken. Allerdings können die Amerikaner sich auch selbst die Daumen drücken, das heißt, sie können *»Fingers crossed!«* sagen, wenn etwas sie selbst betrifft, im Sinne von: »Lass uns das Beste hoffen!«

Die Herkunft dieser Geste und Redewendung ist umstritten. Zur Zeit der Christenverfolgung nutzten die frühen Gläubigen die gekreuzten Finger wahrscheinlich als geheimes Erkennungszeichen. Dabei wurde das Kreuz anfangs von zwei Personen geformt, indem sie die Daumen berührten und die Zeigefinger kreuzten. Erst ab dem Spätmittelalter wurde es von einer Person allein eingesetzt, um auf diese Weise um Gottes Schutz zu bitten. Aus dieser Zeit gibt es Gemälde, die Jesus mit gekreuzten Fingern im Kreise seiner Jünger zeigen. Eine weitere Theorie besagt, dass schon die frühen Christen die Finger hinter dem Rücken kreuzten, wenn sie ihren Glauben verleugnen mussten.

Amerikaner drücken zwar nicht die Daumen, nutzen diese aber, um Zustimmung oder Ablehnung zu signalisieren. Eine Faust mit nach oben gestreckten Daumen *(thumbs up)*, das kennt man von Facebook, bedeutet Zustimmung, ein nach unten gerichteter Daumen *(thumbs down)* Ablehnung. Diese Zeichensprache geht auf die römischen Kaiser zurück, die so über das Leben von unterlegenen Gladiatoren entschieden. Obwohl nur ein Daumen nach oben oder unten gerichtet wird, findet im Amerikanischen interessanterweise der Plural Verwendung.

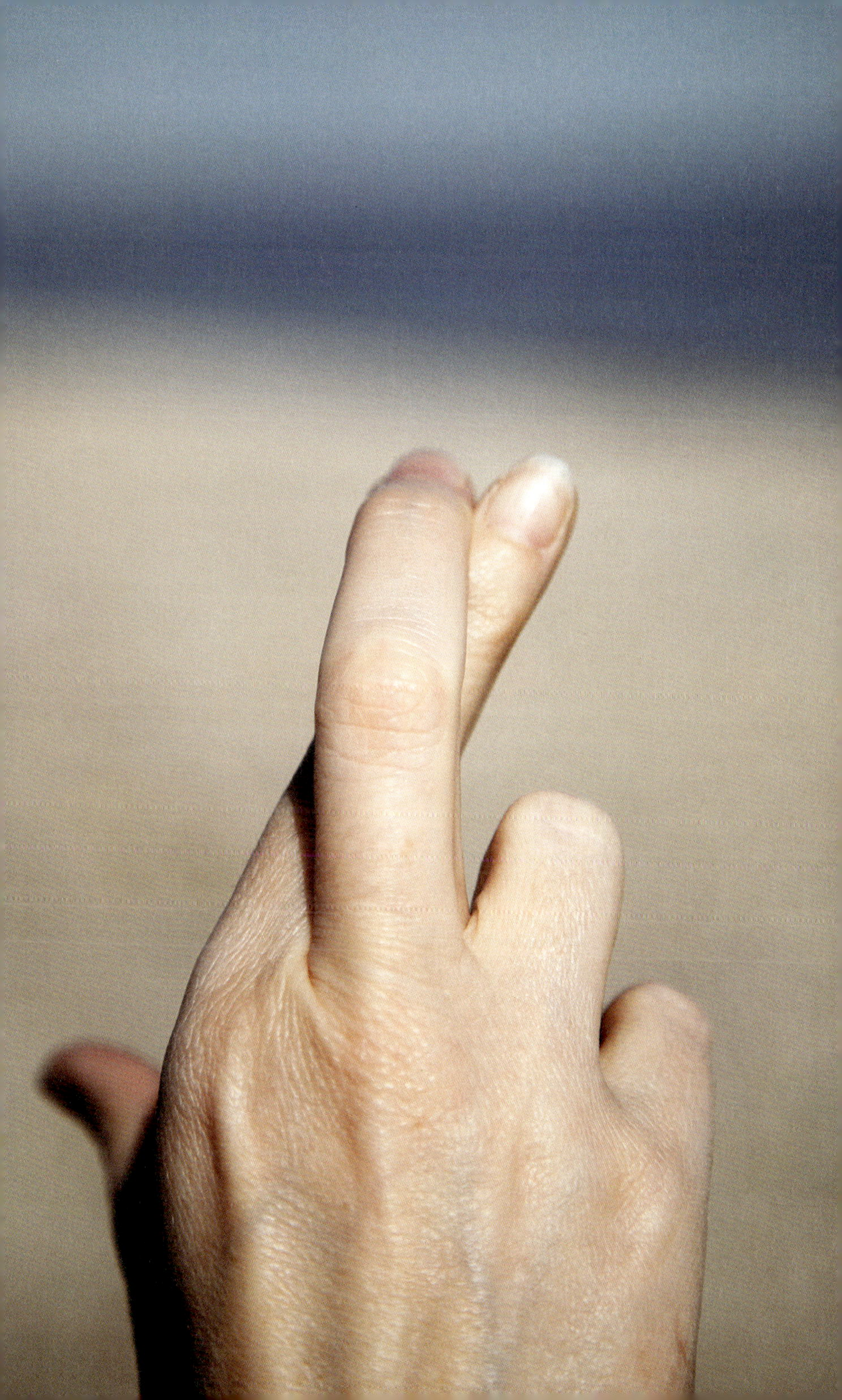

47

FIREFIGHTER

Neuer Sinn für den Spritzenwagen

Die schwer gerüsteten Besatzungen im feuerroten Leiterwagen gehören auf dem Land wie in Großstädten zum Alltag. Doch Feuer löschen sie nur noch selten.

Selbst gegenüber den Helden aus Militär und Polizei haben *firefighters* einen Vorsprung in der Gunst der Öffentlichkeit: Sie sind stark, mutig – und sie tragen keine Waffen. Äxte und Brecheisen hingegen schon; US-Feuerwehrleute sind bekannt dafür, dass sie sich auf dem Weg zu Hilfsbedürftigen von Türen nicht aufhalten lassen. Die Zahl der Brandeinsätze ist allerdings auf rund vier Prozent aller Einsätze gesunken, dank schärferer Brandschutzbestimmungen in den Kommunen, weniger Rauchern, mehr Rauchmeldern, Sprinkleranlagen und ähnlichen Errungenschaften.

Sieht man ein Feuerwehrauto die Straße entlangbrausen, ist es wahrscheinlicher, dass es einem falschen Alarm nachjagt, als dass seine Besatzung ein Feuer löschen wird. Deshalb haben die Feuerwehrstationen ihren Service erweitert: Sie beschäftigen Rettungssanitäter oder erwarten von ihren Feuerwehrleuten eine Doppelausbildung. Medizinische Notfälle wie Überdosis, Herzinfarkt, Autounfall und Co. machen heute rund zwei Drittel der Feuerwehreinsätze aus.

Mehr als eine Million Feuerwehrleute gibt es nach Schätzung der National Fire Protection Association in den USA, darunter 77.900 Feuerwehrfrauen. Ungefähr ein Drittel ist festangestellt, der Rest gehört einer freiwilligen Feuerwehr an, die besonders in dünnbesiedelten Gebieten aktiv sind. Nur bei Waldbränden ist nicht sie, sondern die Forstverwaltung zuständig. In Bundesstaaten wie Kalifornien und Arizona lässt diese nicht nur Saisonfeuerwehrleute gegen die Flammen kämpfen, sondern auch Tausende Gefängnisinsassen. Für den Dienst in dieser paradoxen Version der Freiwilligen Feuerwehr bekommen sie einen Dollar pro Tag (plus bei Brandeinsätzen zwei Dollar pro Stunde) und eine Haftverkürzung.

UCK
47
FDN
metro

FOOD COOP

Lebensmittel aus dem Genossenschaftsladen

Die meisten Lebensmittelmärkte in den USA sind gigantisch, und in ihnen gibt es fast immer nur die gleichen Produkte aus Massenproduktion. Eine nette Alternative zu diesem Einheitsbrei bieten kleine Geschäfte in Genossenschaftsbesitz.

Seit den frühen 1970er-Jahren wurden in zahlreichen amerikanischen Städten *food cooperatives* gegründet. Die Erzeugnisse, die man dort kaufen kann, kommen zumeist von Bauern aus der Region bzw. von kleinen, unabhängigen Herstellern. Besonders Vegetarier und Veganer finden in diesen Läden ein gutes Angebot an Lebensmitteln, und viele Waren tragen das Bio-Siegel »USDA Organic«. Oft gibt es in der *coop* auch hervorragendes Brot aus einer Genossenschaftsbäckerei.

Geld sparen kann man beim Einkauf in der *food coop* jedoch nicht, denn die Preise für die meisten Pro-

dukte sind höher als im Supermarkt. Die meisten Kunden gehen vielmehr aus Überzeugung in den Genossenschaftsladen, da sie dort gesündere Lebensmittel bekommen und ihr Geld nicht in die Kassen der großen Lebensmittelkonzerne fließt.

Wer Mitglied werden möchte, erwirbt einen Anteil an der Genossenschaft. In fast allen Food Coops kann man aber auch einkaufen, ohne Mitglied zu sein. Mitglieder erhalten allerdings in der Regel am Jahresende etwas Geld zurück, denn die Läden müssen ihren Gewinn entweder ausschütten oder in das Geschäft investieren. Einige Genossenschaftsläden gewähren ihren Mitgliedern auch einen Preisnachlass. Dieser ist aber oft daran gebunden, dass man unentgeltlich ein paar Stunden in der Woche im Laden aushilft. Der Großteil der Arbeit wird trotzdem von festangestellten Mitarbeitern verrichtet.

FOOD DESERT

Unfreiwillig auf Fast-Food-Diät

Meilenweit kein Supermarkt und kein Auto, um einkaufen zu fahren: Frisches Obst und Gemüse ist für manche Amerikaner schwer zu beschaffen.

In Washingtons Ward 8 gibt es einen einzigen Supermarkt für mehr als 78.000 Menschen. Viele von ihnen müssen zum Einkaufen dort zwischen drei und sechs Kilometer laufen – und das ist kein Einzelfall. Das US-Landwirtschaftsministeriums sieht eine *food desert* dort, wo mindestens ein Drittel der Stadtbevölkerung eine Meile oder weiter von einem größeren Lebensmittelladen entfernt lebt. Mancherorts sind frische, vitaminreiche Lebensmittel nicht einmal im Umkreis von mehr als 20 Meilen zu finden, und auch dort hat nicht jeder ein Auto, um außerhalb einkaufen zu können. Diese Art von Wüste ist jedoch nicht leer; dort gibt es Tankstellen, Imbisse und kleine Lädchen mit lauter Zucker, Fett und Fast Food.

Brokkoli-freie Zonen voller Chips, Cola und Schoko klingen nach einer kindischen Idee, die mit einem verdorbenen Magen endet. In den USA tragen sie zu Fettleibigkeit, Diabetes und Herz-Kreislauf-Erkrankungen bei – und markieren soziale Unterschiede. Die meisten *food deserts* fallen in einkommensschwache Regionen; und von vorwiegend Weißen bewohnte Viertel haben im Durchschnitt viermal so viele Supermärkte wie Viertel mit einem hohen Anteil an Schwarzen.

17,6 Millionen Amerikaner leben in *food deserts,* immerhin 15 Prozent weniger als vor zehn Jahren. Inspiriert von der Gesundheitsinitiative der ehemaligen First Lady Michelle Obama haben viele Bürger für einen Wochen- oder Supermarkt an ihrem Wohnort gekämpft. Doch eine Gemüsetheke allein beseitigt das im Land grassierende Übergewicht nicht, befanden Wissenschaftler. Dafür gebe es ein Bündel Auslöser, etwa das Umfeld eines Menschen, Portionsgrößen im Restaurant, Zeit zum Kochen, den inneren Schweinehund – und Lebensmittelpreise. Obst und Gemüse verteuerten sich in den USA zwischen 1989 und 2005 um fast 75 Prozent; Fast Food hingegen wurde um 26 Prozent günstiger.

Doritos
Lay's
SNYDER'S
SCOOPS
PARTY

50

FOOD TRUCK

Mehr als eine rollende Imbissbude

In den USA machen *food trucks* gegenwärtig mehr als eine Milliarde Dollar Umsatz im Jahr. Nicht schlecht für einen Gewerbezweig, der eigentlich aus der Not heraus wiederbelebt wurde.

Während der Wirtschaftskrise in den Jahren 2008 und 2009 schlossen viele Restaurants, und zahlreiche Köche verloren ihre Arbeit. Zugleich lag die Bauwirtschaft am Boden und viele rollende Imbissstände, die die Bauarbeiter zu Mittag mit einfachen Speisen versorgten, standen ungenutzt herum.

Eine ganze Reihe arbeitsloser Köche machte sich daraufhin selbständig, indem sie solche Trucks preiswert kauften und ihre Speisen aus dem Fenstern der Fahrzeuge heraus vor Bürogebäuden zu verkaufen begannen. Die Namen der besonders guten *gourmet food trucks* sprachen sich herum, und über Twitter oder Facebook konnte man erfahren, wo man die Trucks, die oft ihren Standort wechselten, finden konnte. Begonnen hat diese Renaissance in den Großstädten an der Ost- und Westküste. Inzwischen hat sie sich über das ganze Land und auch nach Europa ausgebreitet.

Renaissance deshalb, weil das Ganze eigentlich nichts Neues ist. Den ersten *food truck,* der seinerzeit noch von Pferden gezogen wurde, gab es bereits 1872 in Providence, Rhode Island, und ab 1887 wurden motorisierte *food trucks,* die *lunch wagons* hießen, in Serie gebaut. Auch damals schon hielten sie vor Bürogebäuden.

Vom *diner* verdrängt, dienten die rollenden Kantinen jedoch im 20. Jahrhunderts fast ausschließlich der Versorgung von Arbeitern direkt vor den Fabriktoren und Baustellen. Jetzt aber haben sie wieder ihren Weg in die Innenstädte gefunden und werden mitunter auch für Sportereignisse, Freiluftkonzerte und andere Veranstaltungen genutzt.

Gumbo
Hush Puppies
Cajun Fries
.COM
Jerk
MODERN JAMAICA

FRATERNITIES & SORORITIES

Ein Bund fürs Leben

Die Mitgliedschaft in einer studentischen Verbindung ist für alle, die in den USA Karriere machen wollen, von Vorteil.

Im Umfeld großer amerikanischer Universitäten kann man sie gar nicht übersehen: Villen, an deren Fassaden jeweils zwei oder drei griechische Buchstaben prangen. In ihnen wohnen die Mitglieder studentischer Verbindungen, die es sowohl für Männer *(fraternities)* als auch Frauen *(sororities)* gibt und die alle griechische Namen tragen. Die studentischen Verbindungen brauchen nicht mit preiswertem Wohnraum zu werben: Die Vorteile einer lebenslangen Mitgliedschaft, insbesondere was das berufliche oder politische Vorankommen betrifft, sind wohlbekannt. 85 Prozent des Führungspersonals in den größten 500 Unternehmen sind im College einer studentischen Verbindung beigetreten. Kein Wunder also, dass es fast

immer deutlich mehr Bewerber als Plätze in den Verbindungen gibt.

Früher waren Studenten deshalb bereit, ein sogenanntes *hazing*, das von harmlosen Streichen bis zur Misshandlung reichen konnte, über sich zu ergehen lassen, um in eine Verbindung aufgenommen zu werden. Da es dabei regelmäßig zu Todesfällen kam, insbesondere durch Alkoholvergiftung, sind derartige Aufnahmerituale heute verboten. Sollte es dennoch vorkommen, zwingen die Universitäten die jeweilige Verbindung zur Auflösung. Die meisten Verbindungen haben deshalb heutzutage recht harmlose Prüfungen während des Aufnahmezeitraums, der *rush* genannt wird.

Im Alltag der studentischen Verbindungen geht es dann hauptsächlich um das Leben in der Gemeinschaft, die gegenseitige Unterstützung im Studium und nicht zuletzt riesige Partys.

FRONT LAWN

Wasser sparen im Vorgarten

Ein makelloser Rasen vor dem Haus ist der Stolz vieler Eigenheimbesitzer in den USA. Und doch haben im südlichen Kalifornien bereits 45.000 Eigenheimbesitzer ihren Rasen herausgerissen.

Seit in den USA nach dem Ende des Zweiten Weltkrieges vorstädtische Eigenheimsiedlungen aus dem Boden sprossen, ist der *front lawn,* der breite Rasen zwischen Haus und Straße, aus dem *American Way of Life* nicht mehr wegzudenken. Er wird getrimmt, gedüngt, von Löwenzahn befreit und mit Trinkwasser gesprengt. Letzteres wird zum Problem in Gegenden, die regelmäßig von einer Dürre heimgesucht werden. Damit ein Rasen grün bleibt, muss er in heißen Gegenden wie im südlichen Kalifornien das ganze Jahr über bewässert werden. Bis zu 70 Prozent des Wasserverbrauches eines Haushalts entfällt so auf den Rasen.

In der Region Los Angeles gibt es daher bis zu 10.000 Dollar als finanziellen Anreiz für Hausbesitzer, das Gras zu entfernen. In den Dürrejahren 2014 und 2015, als das Trinkwasser knapp zu werden drohte, wurden dafür 380 Millionen Dollar ausgegeben und 2019 noch einmal 50 Millionen Dollar. Während es bei dem ursprünglichen Programm nur darum ging, den Rasen zu entfernen, und es egal war, womit man ihn ersetzte, selbst Schotter oder Kunstrasen waren erlaubt, gibt es jetzt detaillierte Richtlinien, wie die Fläche vor dem Haus umgestaltet werden soll.

So müssen alle Materialien wasserdurchlässig sein, es muss echte Pflanzen geben, und es sind nur Tröpfchenbewässerung oder das Gießen per Hand erlaubt. Regenwassertonnen sowie wassersparende Toiletten und Waschmaschinen werden ebenfalls finanziell belohnt. Eigenheimbesitzer können zudem kostenlose Seminare besuchen, wo sie Tipps zur Umgestaltung ihres Vorgartens bekommen. Vor allem wird die Verwendung von Pflanzen aus der heimischen Region empfohlen.

Eine ganze Reihe von Städten in Arizona, Colorado, Nevada und New Mexico haben vergleichbare Programme.

GATED COMMUNITY

Freiwillig hinter Gittern

Besonders im *sunbelt* im Süden der USA haben sich geschlossene Wohnanlagen ausgebreitet. Sie versprechen Privatsphäre und Sicherheit – bringen aber mitunter das Gegenteil.

Wer eine *gated community* betreten möchte, muss durchs Tor, am Pförtner vorbei oder sich per Spezialschlüssel Zugang verschaffen. Durchgangsverkehr gibt es auf den Straßen dieser Siedlungen also nicht; theoretisch dürfen dort Kinder auf der Straße spielen, und der Wachdienst schreckt Verbrecher ab. Die dahinterstehenden Ängste können hinter hohen Mauern jedoch zur Paranoia wachsen – und im Extremfall zur Todesfalle für Besucher werden.

Der berühmteste Fall ist wohl der des 17-jährigen Trayvon Martin: Er war 2012 in einer *gated community* in Florida bloß auf dem Rückweg zum Haus der Verlobten seines Vaters, entsprach aber der Vorstellung eines Einbrechers im Kopf des Lei-

ters der *neighborhood watch* – und wurde von ihm erschossen.

Über manche Sicherheitsmaßnahmen stimmen sich die Bewohner ab. Aber grundsätzlich ist die *gated community* ein Dorf, dessen Regeln nicht die gewählte Bürgermeisterin, sondern die Firmenpolitik bestimmt. Ihre Vermarkter wenden sich an ganz spezifische Zielgruppen: Rentner oder junge Familien, Mittelklasse-Golfer oder statusbewusste Powerpärchen. Ihnen versprechen sie ein eingebautes Sozialleben, Sicherheit, Privatsphäre und ein passendes Freizeitangebot – wie auf dem Kreuzfahrtschiff oder im Country Club. Rutsche, Fitnesscenter und Filmabend, Schwimmbad und Clubhaus, Tennis-, Golf- oder gar Poloplatz: alles nur für Mitglieder. Diese Zurückgezogenheit reicht über die Mauern hinaus: Die letzten Statistiken sind fast 20 Jahre alt. Demzufolge lebten bereits damals mehr als 16 Millionen Amerikaner in *gated communities* – Tendenz steigend.

GHOST TOWNS

Wo die Zeit still steht

Mit Geisterstädten bringt man oft den Westen der USA in Verbindung, aber es gibt sie überall im Land, und einige von ihnen sind Touristenattraktionen.

In den USA gibt es Tausende Orte, deren Einwohner fortgingen, wenn ihnen die wirtschaftliche Grundlage entzogen wurde. In den landwirtschaftlichen Präriestaaten lag das oft daran, dass die kleinen Städte, anders als bei der Gründung erhofft, nicht ans Eisenbahnnetz angeschlossen wurden. Anderswo wurden viele Orte verlassen, wenn der Abbau oder die Verarbeitung von Bodenschätzen auslief.

Fayette in Michigan ist ein gutes Beispiel: Was einst eine geschäftige kleine Industriestadt mit zwei Hochöfen zur Eisenschmelze war, liegt heute verträumt in einer malerischen Bucht am Nordufer des Michigansees. Die Jackson Iron Company produzierte hier von 1867 bis 1891 nahezu 230.000 Tonnen Eisen. In Fayette lebten rund 500 Amerikaner, Kanadier, Belgier, Briten und auch Deutsche. Etwa die Hälfte der Arbeiter und Angestellten hatte Frauen und Kinder.

Neben den Hochöfen gab es in Fayette eine Kirche, eine Schule, ein Hotel, eine Pferderennbahn, verschiedene Läden und Werkstätten, die Blockhütten der Arbeiter und die Häuser der leitenden Angestellten und des Arztes. Mit einer Betriebseisenbahn wurde Holzkohle transportiert, die vor Ort und in der näheren Umgebung erzeugt wurde. Im Hafen legten Schiffe zum An- und Abtransport von Eisenerz bzw. Roheisen an. Ein Silo diente der Verschiffung von Getreide, das die Farmer der Umgebung erzeugten. Ein eigenes Boot versorgte die Stadt mit frischem Fisch. Nachdem die Eisenschmelze in Fayette nicht mehr rentabel war, zog sich die Jackson Iron Company 1891 zurück. Bis auf ein paar Fischer wanderten die meisten Bewohner ab und das 20. Jahrhundert hindurch blieb der einst boomende Ort praktisch unbewohnt. Umso erstaunlicher ist, dass noch 19 Gebäude erhalten sind, die einen recht guten Eindruck vom einstigen Leben in der Stadt vermitteln.

Der Staat Michigan erwarb das Gelände 1959 und schuf den Fayette State Park.

GRAIN ELEVATORS
Wolkenkratzer der Prärie

Getreidesilos sind die höchsten Gebäude im ländlichen Amerika. Sie sind nicht nur architektonisch vielfältig, sondern zugleich ein Spiegelbild verschiedener Epochen in der Geschichte amerikanischer Landwirtschaft.

Die hölzernen *grain elevators,* die man in den Präriestaaten der USA in beinahe jeder Kleinstadt sieht, entstammen der zweiten Hälfte des 19. Jahrhunderts. Sie stehen fast immer in zentraler Lage und direkt neben den Eisenbahngleisen. Alle sechs bis zehn Meilen konnte man ursprünglich im Meer der Getreidefelder eine Stadt mit Eisenbahnanschluss und *grain elevator* finden. Das war genau jene Entfernung, die die Farmer mit ihren Pferdegespannen schaffen konnten.

Eisenbahnbau, Stadtgründung und Errichtung eines *grain elevators* gingen oft Hand in Hand. Die Silos dienten zum Wiegen und Aufkauf sowie zur Lagerung und Verladung des Getreides. Ein Fahrstuhlmechanismus im Inneren transportierte das Getreide in Lagerkammern, daher die Bezeichnung *grain elevator* (*grain* = Getreide, *elevator* = Fahrstuhl). Angetrieben wurde der Mechanismus erst durch Pferde, dann durch Dampfmaschinen, Verbrennungsmotoren und schließlich durch Elektromotoren. Im 20. Jahrhundert ersetzte Beton den Baustoff Holz.

Heutzutage sind die meisten hölzernen Getreidesilos verlassen und verfallen, ganz so wie viele Farmen. Mit der Mechanisierung im letzten Jahrhundert wurde die Landwirtschaft in zunehmender Weise industrialisiert. Dieser Trend setzt sich auch heute noch fort. Immer weniger Betriebe bewirtschaften immer größer werdende Flächen. Die verfallenen *grain elevators* sind daher zugleich Sinnbild des goldenen Zeitalters der Familienfarm – als auch ihres Niedergangs.

GUNS

Zum Abschuss frei?

Vom Registrierungszwang bis zum fast völlig freien Verkauf: Je nach Bundesstaat variieren die Regeln für Waffenbesitz. Er ist so eng mit der Freiheitsliebe vieler Amerikaner verbunden, dass eine Diskussion schnell hitzig wird.

Mindestens 70 Prozent der US-Bürger haben keine Waffe. Das ergaben mehrere repräsentative Erhebungen; ein landesweites Waffenregister gibt es nicht. Ein Drittel der Bevölkerung sagt, eine Pistole oder ein Gewehr würde sie im Leben nicht anschaffen. Die andere Seite ist ebenso wild entschlossen: Unter den 22 bis 30 Prozent Waffenbesitzern in den USA haben zwei Drittel mehr als eine Waffe. Sie schaffen sie zur Jagd oder zum Sportschießen an, allem voran aber zu ihrem Schutz. In viel weitreichenderer Form hat dieses Motiv die Waffenfrage in die amerikanische Verfassung getragen.

Als Schutz vor einem Despoten erdachten die Gründerväter ein System gegenseitiger Kontrolle, das sich auf viele Instanzen verteilt – auch auf die Bürger. Keine Regierung

sollte eine Chance haben, sich über den Willen des Volkes hinwegzusetzen, auch nicht mit Gewalt. Auf eben jene Situation bezieht sich das *Second Amendment* der US-Verfassung, das heute im Volksmund kurz »*Right to Bear Arms*« (»Das Recht, Waffen zu tragen«) heißt – und um die Wette interpretiert wird: Gilt der Zusatzartikel nur für den Schutz der Amerikaner als Gemeinschaft oder auch für den Einzelnen? Für Letzteres setzen sich insbesondere Waffenhersteller und die Waffenlobby-Organisation NRA (National Rifle Association) ein.

Die Diskussion um Waffengesetze flammt alle paar Wochen neu auf, meist ausgelöst von einem Massenmord an einer Schule, Freizeitstätte oder an einem Arbeitsplatz. Weil die Waffengewalt für ein Land mit dem sozioökonomischen Status der USA auffällig hoch ist – zehn Mal höher als etwa im Nachbarland Kanada – bekommt auch die hohe Mordrate viel Aufmerksamkeit. Die mit Abstand häufigste Schusswaffen-Todesursache in den USA ist aber der Selbstmord – mit einem Anteil von fast zwei Dritteln, Tendenz steigend.

HALLOWEEN DOGS

Verkleidung für alle

Des Pudels Kern könnte zu Halloween glatt ein Dackel sein.

Nicht nur Rezepte, Sachwissen und Bekleidungsvorlieben haben Einwanderer in die USA mitgebracht, sondern auch Märchen und alte Bräuche. Und wenn sie nicht mit den Nachfolgegenerationen in Vergessenheit geraten, dann leben sie noch heute. Halloween ist ein gutes Beispiel dafür, wie das Zusammenleben verschiedener Kulturen vor dem Erstarren bewahrt – und solche Bräuche modernisieren hilft.

Aus einer Gruselsage des keltischen Sprachraums, gemischt mit dem christlichen Allerheiligen, ist in den USA ein Halloween geworden, das mit der Zeit geht. Früher verschreckte man am 31. Oktober mit Gruseldeko böse Geister, heute ist selbige ein Riesengeschäft. Kinder verkleiden sich zu Halloween, ziehen von Haus zu Haus und fordern unter Androhung von Streichen Süßigkeiten ein. Inzwischen feiern so manche Erwachsene ihre eigenen Kostümparties, bei denen unheimliche Gestalten willkommen, aber keineswegs ein Muss sind. Und wer schon dabei ist, fantasievolle Kostüme zu basteln, verkleidet gleich noch das Baby – oder den Familienhund. Das ist niedlich statt gruselig, taugt aber vielerorts als Anlass für ein großes Hundetreffen. Bei *Halloween Dog Parades* traben die Tiere oft sogar vor eine Jury und heimsen Preise ein. Unterwegs bescheren sie ihren Besitzern Komplimente, weil sie tatsächlich aussehen wie Piraten oder Popstars, Teufel oder Wölfchen im Schafspelz – oder, natürlich, wie Hot Dogs.

HAUNTED HOUSE

Freiwillig in die Gruselanstalt

In den Wochen vor Halloween laden Spukhäuser dazu ein, sich einmal so richtig zu fürchten.

Im Prinzip sind *haunted houses* Geisterbahnen, durch die man zu Fuß durch muss. Nur viel größer und mit technischen Tricks und Illusionen, die durchaus an Hollywood erinnern. Einige *haunted houses* sind auf Farmen zu finden und eher für Kinder gedacht, andere befinden sich in großen, stillgelegten Gebäuden und lehren selbst Erwachsene das Fürchten.

Erebus in Pontiac (Michigan) befindet sich z. B. in einem alten vierstöckigen Parkhaus. Es dauert rund 45 Minuten bis man, schweißgebadet und mit klopfendem Herzen, wieder ins Freie gelangt. Der Rundgang ist wie ein Horrorfilm inszeniert und führt durch enge, dunkle Gänge und Treppenhäuser, stillgelegte Fahrstühle und umfunktionierte Rampen. Hinter jeder Ecke lauern Gefahren: Technische Effekte und Schauspieler, die als Zombies oder andere finstere Gestalten verkleidet sind, erschrecken die Besucher, die maximal zu viert unterwegs sein dürfen. Illusionen durch geschickt angebrachte Spiegel und Nebelmaschinen tragen zur gefahrvollen Atmosphäre bei. An einer Stelle wird man sogar lebendig begraben, allerdings nur von unzähligen Tischtennisbällen.

Auch im Alltag gruseln sich die Amerikaner ganz schön: Laut einer Umfrage von Pew Research glauben 29 Prozent der Bevölkerung an die Existenz von Geistern und 18 Prozent sagen, dass sie schon einen Geist gesehen oder gefühlt haben.

HIGH SCHOOL
Klassentrennung

High Schools spiegeln die Einkommensschichten in den USA nur allzu deutlich wider.

Alle Schüler besuchen von der 9. bis zur 12. Klasse die High School, eine Einteilung in verschiedene Schulformen gibt es in den USA nicht. Der Einzugsbereich der Schulen ist vielerorts sehr groß, sodass die Kinder entweder mit dem Schulbus fahren oder von ihren Eltern mit dem Auto zur Schule gebracht werden. Die älteren Schüler haben oft auch ein eigenes Auto. Daher haben viele Schulen riesige Parkplätze.

Die finanzielle, personelle und inhaltliche Kontrolle der öffentlichen High Schools unterliegt den Städten bzw. Landkreisen und wird unterschiedlich stark von den Regierungen der Bundesstaaten beeinflusst. Da die Finanzierung der Schulen wesentlich von den Einnahmen aus den Immobiliensteuern in der jeweiligen Stadt oder im Landkreis abhängt, sind die Schulen in wohlhabenden Orten wesentlich besser ausgestattet als dort, wo ärmere Bevölkerungsschichten wohnen. Wie in vielen Wohnvierteln ist auch an den Schulen oft eine Bevölkerungsgruppe in der Mehrheit etwa Afroamerikaner, Hispanics oder Weiße.

Neben den öffentlichen Schulen gibt es auch private High Schools, für die im Durchschnitt 15.000 Dollar Schulgeld pro Jahr bezahlt werden muss. Mehr als drei Viertel der privaten Schulen haben einen religiösen Träger, allen voran die katholische Kirche, und anders als an den öffentlichen Schulen, die der Trennung von Staat und Kirche verpflichtet sind, gibt es dort Religionsunterricht.

Bei den Leistungstests für die Hochschulreife erreichen die Schüler privater Schulen wesentlich bessere Ergebnisse. Dadurch haben sie erhebliche Vorteile beim Zugang zu den besten Colleges und damit auch bei der späteren beruflichen Entwicklung. Auch das ist ein Grund, warum soziale Mobilität in den USA kaum existiert. Nach Untersuchungen des Wirtschaftswissenschaftlers Tom Hertz beträgt die Wahrscheinlichkeit, dass ein Kind aus einer armen Familie in die obersten fünf Prozent aufsteigt, ein Prozent.

EXIT

HISTORIC DISTRICTS

Denkmalgeschützte Stadtteile

In den USA gibt es mehr als 2.300 *historic districts,* die den Charakter eines Stadtteils oder eines Straßenzuges bewahren sollen. Die Immobilienbesitzer sind allerdings nicht immer begeistert.

In den 1930er-Jahren haben Stadtverwaltungen erkannt, dass sich der Erhalt des historischen Charakters ganzer Stadtteile positiv auf den Tourismus und die Immobilienpreise auswirkt. Die ersten *historic districts* entstanden in Charleston (South Carolina) und New Orleans (Louisiana).

Mit dem Wert der Häuser in einem *historic district* steigen aber auch die Immobiliensteuern. Als Haupteinnahmequelle der örtlichen Verwaltungen dienen sie u. a. zur Finanzierung der Schulen und betragen für ein Einfamilienhaus meistens mehrere Tausend Dollar pro Jahr. Wer kein ausreichendes Einkommen hat, muss sein Haus verkaufen, wenn die Steuern zu sehr steigen. So kommt es dazu, dass in den *historic districts* langfristig eher Besserverdienende wohnen.

Die Besitzer von Immobilien in *historic districts* müssen normalerweise strenge Auflagen erfüllen, was äußerliche Veränderungen an ihren Gebäuden betrifft. Mancherorts müssen sie sich jede Kleinigkeit genehmigen lassen, von der Farbe, in der sie das Haus streichen wollen, bis zum Material der Regenrinnen. An einen Ausbau des Hauses ist meistens nicht zu denken. Daher kommt es oft zu heftigen Diskussionen unter den Einwohnern, wenn ein neuer *historic district* geschaffen werden soll. Wenn sich eine Mehrheit der Bewohner derartigen Bestimmungen nicht unterordnen will, wird das Vorhaben verworfen.

Sowohl die US-Bundesregierung als auch die einzelnen Bundesstaaten können große und kleine Ansammlungen von Bauwerken zu einem *historic district* erklären, jedoch sind dies nur unverbindliche Anerkennungen ihres historischen und architektonischen Wertes. Rechtlich wirksam sind in der Regel nur die Entscheidungen auf lokaler Ebene.

HUTTERER
Lebendige Utopie

Die deutschsprachigen Hutterer leben den kommunistischen Traum: kein Privateigentum und keine Lohnarbeit.

Die Hutterer sind eine täuferische Glaubensgemeinschaft, die auf den Reformisten Jakob Hutter (ca. 1500–1536) zurückgeht und deren rund 45.000 Anhänger in Kanada und den USA in Gütergemeinschaften leben.

Aufgrund ihres Glaubens wurden die Hutterer über die Jahrhunderte hinweg verfolgt und waren lange auf Wanderung. Sie lebten in Mähren, Niederösterreich, Ungarn, in der Walachei und in Russland und ab 1874 in Nordamerika.

Die Hutterer siedelten sich zuerst in South Dakota an, wo sich allerdings ein Teil der Auswanderer den Mennoniten anschloss. Der andere Teil gründete »Bruderhöfe« genannte Kolonien, von denen die meisten während des ersten Weltkrieges nach Kanada umzogen. Die Hutterer weigerten sich, Kriegsdienst zu leisten, Kriegsanleihen zu kaufen und ihre deutsche Kultur abzulegen. Jahre später kehrten einige in die USA zurück und gründeten dort neue Bruderhöfe in North und South Dakota, Minnesota, Washington, Oregon und Montana.

Die Hutterer wohnen recht isoliert in Gruppen von 120 bis 250 Menschen und halten sich streng an ihre Glaubensregeln. Sie leben von der Landwirtschaft, bewirtschaften Grund und Boden in Kollektivbesitz und arbeiten ohne Lohn zum Wohl der Gemeinschaft. Arme und Reiche gibt es bei ihnen nicht. Ihnen geht es wirtschaftlich sehr gut, da sie Landwirtschaft kostensparend im großen Maßstab betreiben können.

Im Unterschied zu den Amischen nutzen die Hutterer nicht nur modernste Landmaschinentechnik sowie Computer, GPS und Windturbinen, sondern tragen oft auch viel buntere Kleidung. Die Hutterer sprechen untereinander Hutterisch, einen alten deutschen Dialekt, lernen aber Hochdeutsch und Englisch in Schulen, die sie in den meisten Fällen selbst betreiben.

62

HYDRANT

Wasser marsch!

Die Feuerwehr braucht Zugang zu Löschwasser. In vielen Ländern muss sie dazu eine ebenerdige Platte heben und ein Standrohr anschließen. In den USA steht der Hydrant schon überirdisch bereit – nicht nur, wenn's brennt.

Was bestens funktioniert, braucht nach amerikanischer Vorstellung auch nicht verändert zu werden: Die Technik und Gestalt des Hydranten stammen weitgehend aus der Mitte des 19. Jahrhunderts. Je nach örtlichen Regeln müssen Parkplatzsucher drei bis fünf Meter Abstand von den mehr als 200 Kilo schweren Pollern halten, die am Straßenrand stehen. Schließlich muss die Feuerwehr an sie herankommen – und sie überhaupt erst einmal entdecken. Weil Hydranten sich auch unter Unkraut oder Schneewehen verstecken können, tragen sie auf dem Land oft einen langen, grell angemalten Stängel.

Überhaupt haben Hydranten in den USA unterschiedliche Farben. Sie markieren oft Informationen zum Druck und der verfügbaren Wassermenge: Rot bedeutet bis zu 500 GPM oder *gallon per minute* (ca. 1,9 Kubikmeter pro Minute), blau 1.500 GPM, dazwischen liegen orange und grüne »Mützen«. Manchmal soll das Design auch bloß auffallen.

Nicht nur die Feuerwehr dreht den Mechanismus auf. Baufirmen können sich eine Genehmigung dafür holen, Wasser vom Hydranten abzuzapfen. Auch Kanalreiniger, Wasserwerfer und Straßenfeger bedienen sich.

Schon während einer Hitzewelle im Sommer 1896, bei der 1.500 Menschen starben, bat der damalige New Yorker Polizeichef Theodore Roosevelt die Feuerwehr, die Hydranten zu öffnen und so die Straßen zu reinigen. Die New Yorker nutzten die Fontänen sofort zur Abkühlung. Heute ist das legal – sofern die Feuerwehr zuvor einen Aufsatz auf den Hydranten schraubt, der den Wasserverbrauch deutlich verringert.

ICE CUBES

Manche mögen's kalt

Nicht wenige Amerikaner trinken Cola, Wasser und sogar Kaffee besonders gern, wenn der Becher zur Hälfte mit Eiswürfeln gefüllt ist.

Frederic Tudor war ein cleverer Geschäftsmann in der Hafenstadt Boston. 1806 begann er damit, Eisblöcke, die im Winter aus den zugefrorenen Seen in der Umgebung gesägt wurden, in die Karibik zu verschiffen. Dort verlängerte das Eis die Haltbarkeit von Lebensmitteln und Medikamenten. Um seinen Absatz zu vergrößern, schlug Tudor vor, auch Getränke mit Eis zu kühlen. Anfangs lieferte er das Eis dafür umsonst. Die Nachfrage wurde riesengroß und Tudor extrem wohlhabend.

Es dauerte nicht lange, bis auch in den USA Eis in die Getränke gegeben wurde und dieses schließlich auch nicht mehr aus den Seen geholt werden musste. Bereits 1844 baute der Arzt John Gorrie einen Kühlschrank, der Eis erzeugen konnte, ab 1923 gab es Kühlschränke für den Heimbedarf. 1928 erfand Lloyd Copeman, der auch der Erfinder des Elektroherdes und zudem der Großvater der Sängerin Linda Ronstadt war, eine Eiswürfelform aus Gummi, die sich millionenfach verkaufte. Von da an war es kinderleicht, Eiswürfel selbst zu erzeugen. Heutzutage haben viele Kühlschränke eine Vorrichtung an der Tür, die einem die Eiswürfel ins Glas schüttet. Eiswürfel kann man aber auch in großen Plastiksäcken in Supermärkten und an Tankstellen kaufen. Das wird oft gemacht, wenn jemand eine Gartenparty veranstaltet und eine Wanne mit Eis füllen möchte, um Bierflaschen oder -dosen darin zu kühlen.

Während Softdrinks und Wasser schon lange durch die Zugabe von Eiswürfeln auf Temperaturen gebracht werden, die einem beinahe die Zunge erfrieren lassen, ist *iced coffee* erst in den letzten zehn Jahren richtig populär geworden, obwohl Kaffeeketten wie Dunkin' Donuts und Starbucks diesen schon in den 1990er-Jahren anboten. Um den Kaffeegeschmack insgesamt nicht zu verwässern, wird in der Regel doppelt starker Kaffee mit Eiswürfeln vermischt. Auch deshalb ist eiskalter Kaffee teurer als heißer.

ICE FISHING
Auf dickem Eis

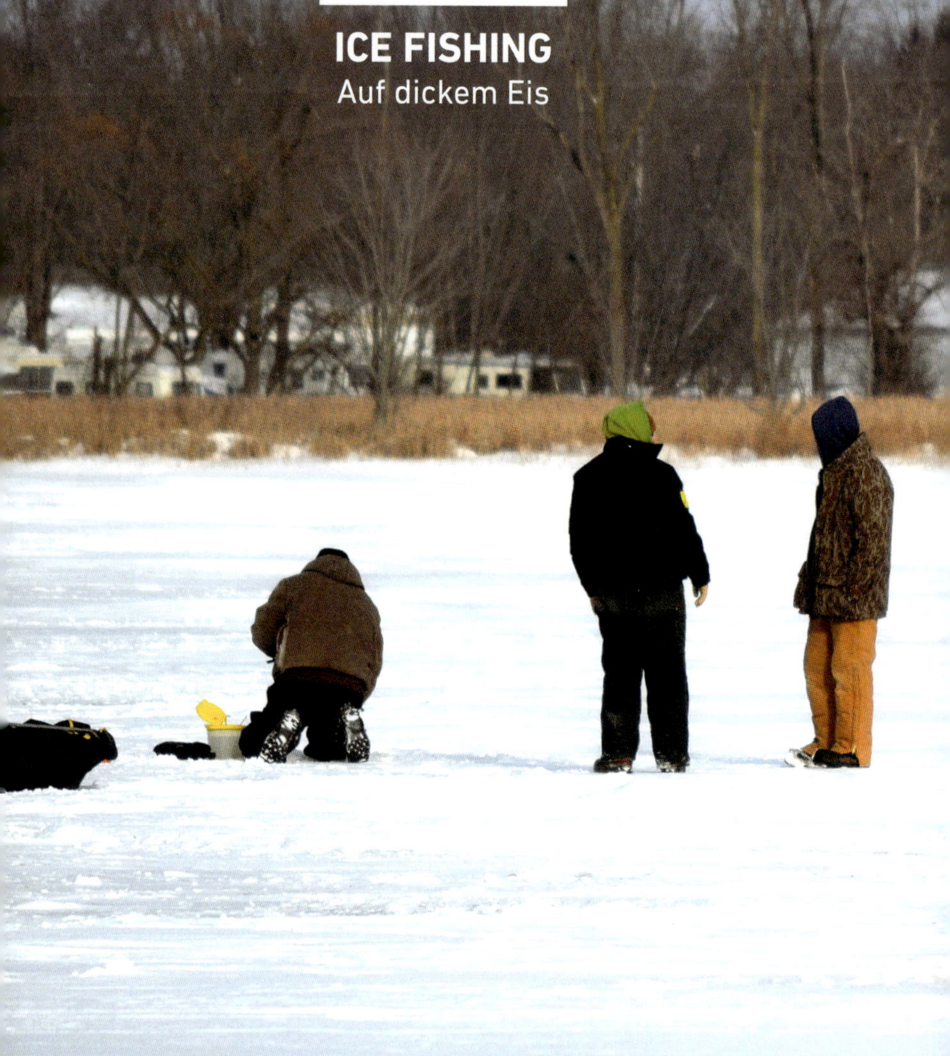

Eine der liebsten Winterbeschäftigungen von Männern in den nördlichen Bundesstaaten ist das Angeln auf zugefrorenen Seen. Das sagen sie zumindest, denn das Angeln steht oft gar nicht im Vordergrund.

Sobald das Eis dick genug ist, wagen sich Angler mit einer umfangreichen Ausrüstung auf den See. Ein benzingetriebener Riesenbohrer ist auf jeden Fall mit dabei, denn das Eis ist oft mehr als 30 cm dick. In der Regel bringt man auch ein aufklappbares Spezialzelt mit, das einen Untersatz mit Kufen hat und sich so leicht auf den zugefrorenen See ziehen lässt.

Auf Seen, die dichter an der Grenze zu Kanada liegen und die länger zugefroren sind, werden auch regelrechte Hütten über das Loch im Eis

gestellt, und die Angler fahren mit dem Pickup auf den See. Gelegenheit dazu gibt es reichlich: Minnesota allein hat 11.842 Seen, die größer als 4 Hektar sind. Die Nummernschilder des Staates weisen durch den Slogan *»Land of 10,000 Lakes«* auf diese Tatsache hin.

Die Zelte und Hütten schützen nicht nur vor dem eisigen Wind, sondern auch vor den Augen des Gesetzes. Die Angler verzehren nämlich mit Vorliebe Alkoholisches, während sie mit ihren Kumpels und fern der Ehefrau am Eisloch sitzen. Was nicht ungefährlich ist: Das Trinken in der Öffentlichkeit ist in den USA verboten und wird mit hohen Strafgeldern geahndet – zu jeder Jahreszeit und auch beim Angeln an und auf Gewässern.

IMMIGRANTS
Wohlstand durch Vielfalt

Aus aller Welt kommen seit Jahrhunderten Menschen in die USA, um ihr Glück zu machen – das hat ungeahnte Folgen.

17,4 Prozent der arbeitenden US-Bevölkerung sind im Ausland geboren. Einwanderer übernehmen Jobs, die sich wegen des Geburtenrückgangs nicht mit in den USA geborenen Menschen füllen lassen oder die jene nicht haben wollen. Mit der Übernahme unbeliebter Aufgaben ermöglichen sie jenen sogar die Jobs, die sie wollen: Farmer, ihre Vorarbeiter und Vertriebsleute zum Beispiel wären ohne Einwanderer auf dem Feld aufgeschmissen. Viele Tech-Firmen werben zudem gezielt hochgebildete Ausländer an, weil buntgemischte Teams die lukrativsten Ideen hervorbringen.

Einwanderer leben den amerikanischen Traum und kurbeln die Wirtschaft an: Statistiken des Arbeitsministeriums zufolge arbeiten sie härter und eröffnen häufiger ein eigenes Geschäft als Einheimische. Ihre Kinder überholen sie in puncto Bildung und Einkommen und tragen laut einer Studie der National Academy of Sciences mehr zu den Steuereinnahmen und dem Wirtschaftswachstum des Landes bei als diejenigen, deren Eltern in den USA geboren wurden. Die meisten Einwanderer beantragen nach einigen Jahren die Staatsbürgerschaft; ihre Kinder sind automatisch US-Bürger, sofern sie im Land geboren wurden.

Rund drei Prozent der US-Bevölkerung haben keine Aufenthaltserlaubnis – und bringen den USA dennoch schätzungsweise 11,6 Milliarden Dollar Steuereinnahmen im Jahr ein. Eine unbegrenzte Aufenthalts- und Arbeitserlaubnis *(green card)* gewähren die USA vor allem auf Basis von Familienzusammenführung (auch nach einer Eheschließung) und arbeitsmarktorientierter Einwanderung, etwa für gefragte Hochschul-Forscher oder Spezialisten in der freien Wirtschaft. Hinzu kommen die Greencard-Lotterie und humanitäre Gründe: Aus dem Flüchtlingsprogramm der Uno nehmen die USA mehr Menschen auf als alle anderen Mitgliedsländer, obendrein entscheiden Richter im Inland laufend über Asylbewerber. Zuletzt hat die US-Regierung diesen Weg allerdings eingeschränkt.

KARAN
JEWELERS

66

INDIAN SUMMER
Die fünfte Jahreszeit

Eine Kombination aus Wärme und Farben lockt Amerikaner im Herbst an die frische Luft.

Im Nordosten der USA, besonders in Neuengland, sind die Winter hart und die Sommer schwülheiß. Wenn nach der ersten Herbstkühle die Temperaturen im Oktober oder Anfang November plötzlich auf 20 Grad Celsius steigen, kann jeder dort richtig durchatmen – und ohne Sorge vor Hitzschlag draußen zupacken. Garten- und Hofbesitzer machen sich dieses US-Wetterphänomen seit vielen Jahrhunderten zunutze. Den Kniff sollen sich europäische Siedler von den Ureinwohnern abgeschaut haben. So nannten sie die Wärmeperiode – die sogar mehrmals im Herbst auftreten kann – *Indian Summer.*

Auch die Tourismusindustrie verlängert inzwischen den Sommer: Sie wirbt mit *fall foliage,* der Farbenpracht im Wald. Wenn kürzere, kühlere Tage den Blättern die Chlorophyll-Zufuhr und damit das Grün abklemmen, treten ihre Carotinoide (Gelbtöne) und Anthocyanin (Rot/Lila) in den Vordergrund – bei Sonnenschein stimmt dann buchstäblich die Chemie. In den meisten Laubwäldern der Erde bilden rund zehn Prozent der Baumarten im Herbst Anthocyanin; in Neuengland sind es bis zu 70 Prozent. Die ungewöhnlich stark vertretenen Rottöne haben den *Indian Summer* ebenso zum Spektakel gemacht wie die Intensität seiner Farben.

Tatsächlich strahlen die Blätter aber nicht jedes Jahr gleich. Über die Herbstfarben entscheiden die vorherigen Jahreszeiten: Idealerweise regnet es im Frühling öfter mal, während sich die frischen grünen Blätter entwickeln, zudem braucht es einen trockenen Spätsommer, der in einen Herbst mit kühlen, aber frostfreien Nächten und warmen, sonnigen Tagen übergeht. Früher Frost, Wolken und Regen hingegen lassen nicht nur die Sommerbräune, sondern auch das Herbstlaub erblassen – da kommt der *Indian Summer* dann zu spät.

INSULAR AREAS

Die Außengebiete der Vereinigten Staaten

Die USA haben immer noch eine Reihe von Kolonien, die im offiziellen Sprachgebrauch Außengebiete *(insular areas)* bzw. Territorien *(territories)* genannt werden.

Die meisten US-Bundesstaaten waren im Laufe ihrer Geschichte ein *territory,* das heißt ein Gebiet, das die USA kontrollieren, das aber keinen Status als Bundesstaat hat. Hawaii war 1959 das letzte *territory,* das als Bundesstaat in die Union aufgenommen wurde. Die Philippinen, ebenfalls ehemals ein *territory* der USA, erreichten dagegen 1946 ihre Unabhängigkeit.

Die noch verbliebenen Außengebiete sind Puerto Rico (rund vier Millionen Einwohner), die Amerikanischen Jungferninseln (109.000 Einwohner) und Navassa (unbewohnt) in der Karibik sowie im Pazifischen Ozean Guam (169.000 Einwohner), die Nördlichen Marianen (45.000), Amerikanisch-Samoa (58.000) und die Midwayinseln (40). Hinzu kommen die Bakerinsel, die Howlandinsel, die Jarvisinsel, das Johnston-Atoll, das Kingmanriff, das Palmyra-Atoll und das Wake-Atoll (alle unbewohnt). Viele dieser Inseln haben militärische Bedeutung.

Die Einwohner dieser Gebiete sind US-Staatsbürger. Eine Ausnahme bildet Amerikanisch-Samoa, dessen Bewohner US-Amerikaner ohne Staatsbürgerschaft sind. Sie können in den gesamten USA leben und arbeiten, dürfen aber außerhalb von Amerikanisch-Samoa nicht wählen bzw. kandidieren. Die in den anderen Außengebieten geborenen Menschen können dagegen wählen und gewählt werden, wo auch immer sie ihren Wohnsitz innerhalb der Vereinigten Staaten haben. Wenn sie in den Außengebieten leben, können sie allerdings nicht an den Präsidentschaftswahlen teilnehmen. Jedoch ermöglichen ihnen sowohl die Demokraten als auch die Republikaner die Teilnahme an den Vorwahlen.

Die Zukunft von Puerto Rico, dem bevölkerungsreichsten Außengebiet, ist umstritten. Etwas weniger als die Hälfte der Bevölkerung möchte den gegenwärtigen Status beibehalten, eine beinahe gleich große Gruppe strebt eine Aufnahme in die Union als Bundesstaat an und eine kleine Minderheit fordert die völlige Unabhängigkeit von den USA. Bei amerikanischen Politikern gab es bisher allerdings kaum Bestrebungen, am Status von Puerto Rico oder den anderen Außengebieten etwas zu ändern.

TO RICO

INTERSTATES

Die Autobahnen der Amerikaner

Die Interstate Highways der USA sind insgesamt mehr als 75.000 Kilometer lang. Da muss man ganz schön Geduld hinterm Steuer aufbringen.

Überlegungen für den Bau von Interstate Highways begannen bereits 1916, aber erst Präsident Eisenhower machte ab 1954 ein nationales Autobahnnetz zur Priorität. Als Oberbefehlshaber der Westalliierten im Zweiten Weltkrieg hatte ihn die deutsche Reichsautobahn beeindruckt. Offiziell hat das Autobahnnetz der USA, das Interstate Highway System, daher einen langen Namen: Dwight D. Eisenhower National System of Interstate and Defense Highways.

Die Bauarbeiten begannen 1956, einer der ersten alten Highways war die berühmte Route 66, die auf einer Teilstrecke in Missouri in die Interstate 44 umgewandelt wurde. Das flache Nebraska schloss als erster Bundesstaat 1974 die Bauarbeiten ab, das bergige Colorado als letzter 1992.

Das Fahren auf amerikanischen Highways ist etwas gewöhnungsbedürftig. Rechts zu überholen ist ganz normal, und die Ausschilderung ist mitunter alles andere als optimal. Zudem gehen die Strecken, besonders in den Präriestaaten im Zentrum der USA, oft scheinbar endlos geradeaus. Auf diesen wenig anspruchsvollen Strecken schalten dann viele den Tempomat an, damit sie den Fuß vom Gaspedal nehmen können. Da sieht man auch schon mal Fahrzeugführer Zeitung lesen oder mit ihrem Handy spielen. Beim Fahren zu essen, ist in den USA ohnehin ganz normal.

Auch geht es nicht ganz so schnell zu wie auf der deutschen Autobahn, allerdings auch nicht mehr so langsam wie von 1974 bis 1995, als die landesweite Höchstgeschwindigkeit in den USA gemächliche 55 mph (88,5 km/h) betrug. Diese war als Folge der Ölkrise im Jahr 1973 festgelegt worden. Seit ihrer Aufhebung unterscheidet sich die Höchstgeschwindigkeit je nach Bundesstaat und liegt zwischen 65 mph (105 km/h) in Alaska und 85 mph (137 km/h) in Teilen von Texas.

Wer einmal auf einer amerikanischen Interstate unterwegs ist, wird jedoch feststellen, dass sich kaum jemand an die jeweilige Höchstgeschwindigkeit hält.

EXIT 51 A
Lake St

IVY LEAGUE

Bundesliga für kluge Köpfe

In den USA sind Bildung und Sport eng verknüpft, und dieses Band hält auch die Eliteuniversitäten des Landes zusammen.

Der Name einer Universität kann in den USA Türen öffnen. Harvard, Yale, Princeton, Columbia, Dartmouth, Brown, Cornell und die Universität von Pennsylvania – kurz Penn – machen auf dem Lebenslauf Eindruck. Bis auf Cornell stammen sie allesamt aus der Kolonialzeit, an ihren Gemäuern rankt hier und da Efeu. Dass ausgerechnet diese acht Unis in der *ivy league* (wörtlich: Efeuliga) zusammengefasst sind, hat jedoch nicht mit ihrem Alter, sondern mit Wettbewerb zu tun: Bereits im 19. Jahrhundert traten die ersten von ihnen gegeneinander an – beim Rudern.

In der Schule soll man bekanntlich fürs Leben lernen, und dazu gehört in den USA das Scheitern. Konzernchefs erzählen freimütig, welch ein Reinfall ihre erste Idee war, und zementieren damit den amerikanischen Traum: Wenn du nur hart genug arbeitest und es immer weiter versuchst, dann wird etwas aus dir. Um das zu üben, haben schon Schulen eigene Sportmannschaften, Colleges sind in Ligen organisiert. Mehr als 60.000 Zuschauer passen allein ins Football-Stadion in Yale, und Ivy League-Studenten feuern durchschnittlich 35 Teams in Sportarten wie Basketball, Wrestling, Fechten und Eishockey an.

Jenseits der Sportplätze bietet die Ivy League anspruchsvolle Curricula, bestens ausgestattete Forschungseinrichtungen und Prestige. Dafür verlangt sie von Bewerbern Bestleistungen in und außerhalb der Schule plus soziales Engagement – und rund 60.000 Dollar Studiengebühren pro Jahr. Wie andere Privatuniversitäten in den USA bekommen Ivy-League-Unis im Gegensatz zu den deutlich günstigeren *state universities* kein Geld vom Staat. Stiftungen, Spenden von Ehemaligen, Forschungsfördergelder und Studiengebühren finanzieren Forschung und Lehre. Mannigfaltige Stipendien sollen sicherstellen, dass dennoch nicht nur Kinder reicher Leute an einer der Unis der Ivy League studieren.

THE·LIBRARY·OF·COLUMBIA·UNIVERSITY·

70

JAYWALKING

Ziviler Ungehorsam an der Ampel

Respekt vor der Fußgängerampel ist den Amerikanern weitgehend fremd.

Wenn kein Auto kommt und kein Polizist in Sicht ist, wird an vielen Orten in den USA einfach über die Straße gegangen, ganz gleich, was die Ampel anzeigt. Dieses illegale Überqueren der Straße wird *jaywalking* genannt und von Menschen aller Altersgruppen ohne Gewissensbisse oder Ermahnungen praktiziert. Eine Ausnahme bilden Eltern, die mit ihren kleinen Kindern unterwegs sind und natürlich kein schlechtes Beispiel abgeben wollen.

Das Wort *jaywalking* entstand um 1910. Das Wort *jay* bedeutete seinerzeit so viel wie »Dorftrottel«. Stadtbewohner meinten, dass nur eine solche Person ahnungslos über die Straße gehen würde. Eine Gegenbewegung, trottelige Autofahrer *jay drivers* zu nennen, schlug allerdings fehl. Leider, denn als Fußgänger muss man auch heute noch selbst beim gesetzmäßigen Überqueren der Straße auf der Hut vor abbiegenden Autos sein. Viele amerikanische Autofahrer scheinen nämlich noch immer nicht zu begreifen, dass auch Fußgänger Rechte haben. Diese gehen deshalb in der Regel immer aufmerksam über die Straße, ganz gleich, was die Ampel für sie anzeigt.

le macaron
french pastries
958

LABOR DAY

Der amerikanische Tag der Arbeit

Der Geburtsort des 1. Mai als internationaler Kampftag der Arbeiter war Chicago. Aber warum feiern die Amerikaner dann ihren Tag der Arbeit am ersten Montag im September?

Am 1. Mai 1886 streikten 300.000 Arbeiter in den USA für die Einführung des Achtstundentages. Chicago war das Zentrum dieser Bewegung, dort fand an diesem Tag die erste Erster-Mai-Demonstration mit 80.000 Teilnehmern statt. Vorneweg marschierten die Mitglieder der anarchistischen Internationalen Arbeiter-Assoziation, die in Chicago die führende Rolle im Kampf für den Achtstundentag übernommen hatte.

Die Angehörigen des Kapitals betrachteten diese Massendemonstration als ernsthafte Bedrohung. Drei Tage später, am 4. Mai 1886, sahen sie die Gelegenheit gekommen, der Arbeiterbewegung einen vernichtenden Schlag zu versetzen: Auf einer Kundgebung der Anarchisten am Haymarket explodierte eine Bombe, in der Folge starben sieben Polizisten und eine unbekannte Zahl Arbeiter. In einem haarsträubenden Prozess mit erkauften und erpressten Zeugenaussagen wurden die Führer der Anarchisten, unter ihnen die Redner auf der Kundgebung, beweislos zum Tode verurteilt.

Bei der Einführung eines Tages der Arbeit acht Jahre später landete dieser auf dem ersten Montag im September. Die Ursprünge dieses Datums sind umstritten und liegen möglicherweise in der Gewerkschaftsbewegung. Die amerikanische Regierung unter Präsident Cleveland wollte aber vor allem vermeiden, dass ein Labor Day am 1. Mai dem Gedenken an die Haymarket-Ereignisse und einer Stärkung der sozialistischen Bewegung diente.

1 May
STRONG
STRONG WFTU
HAK-İŞ
A STRONG LEADING
TRADE UNION CONFEDERATION IN TURKEY
SIPTU
131
Aniversario
usps.com

LATE NIGHT SHOWS
Politik mit Pointe

Nach den lokalen Spätnachrichten kommen im US-Fernsehen die *comedians* – und reizen gleichzeitig die Lachmuskeln und das Hirn.

Nachts um halb zwölf geht es im Fernsehen plötzlich um Netzneutralität, Kinder in Käfigen oder Handelskriege, und das Studiopublikum lacht Tränen. *Late Night Shows* sind für viele zur wichtigen Nachrichtenquelle geworden – und zu einem Grund, am herkömmlichen Fernseher festzuhalten. Andere schauen am nächsten Morgen die Sendungen online. Selbst seriöse Medien fassen die besten politischen Pointen der Late Night-Moderatoren zusammen.

Die Verbindung von Comedy und Journalismus hat in den USA Tradition. In der lustigen *Tonight Show* interviewte Jack Paar 1959 Fidel Castro auf Cuba und ging 1961 mit seinem Kamerateam zum Bau der Berliner Mauer. Anfang der 1970er-Jahre verfolgte *The Dick Cavett Show* den Watergate-Skandal. Deren Mischung aus ernsthaften Nachrichten und Lachsalven ärgerte die Mächtigen gewaltig. Die Tonbandaufnahmen von US-Präsident Richard Nixon, die zu seinem Rücktritt beitrugen, enthalten 26 Erwähnungen von Dick Cavett; unter anderem fragte der Präsident sein Personal, ob man dem Komiker nicht irgendwie beikommen könnte.

Heute zählen zu den am häufigsten zitierten TV-Satirikern Trevor Noah *(The Daily Show)*, Stephen Colbert *(The Late Show)* und Seth Meyers *(Late Night)* sowie die wöchentlich sendenden Samantha Bee *(Full Frontal)* und John Oliver *(Last Week Tonight)*. Sie halten messerscharfe, gut recherchierte Monologe über aktuelle Ereignisse, die teils sogar in herkömmlichen Nachrichten fehlen. Mit ihren Witzen wollen sie in erster Linie Lacher provozieren, aber eben nicht ausschließlich. Viele der Shows beschäftigen hinter den Kulissen neben Witzautoren auch Journalisten, die Fakten recherchieren und prüfen. Schließlich weiß jeder *stand-up comedian:* Es gibt keine bessere Witzgrundlage als die Wahrheit.

LAUNDROMAT

Seifenoper im Waschsalon

Rund ein Drittel der US-Haushalte wohnt zur Miete, und das bedeutet oft: keine Waschmaschine.

Rezession ist gut fürs Geschäft. Das klingt paradox, trifft auf *laundromats* aber zu: Waschsalons füllen sich, sobald es wirtschaftlich bergab geht. Denn dann steigt die Zahl derjenigen, die aus Wohneigentum in Mietwohnungen umsteigen oder eine kaputte Waschmaschine nicht ersetzen können. Kein Wunder, dass sogar die Geschäftsidee, Münzwaschmaschinen zur Selbstbedienung zu vermieten, aus einer Misere stammt.

Zu Beginn des 20. Jahrhunderts sorgte die Erfindung elektrischer Waschmaschinen für Furore. Dann kam die Große Depression. Statt von der eigenen Waschmaschine träumten viele Familien von einem Stück Brot; Jobs bekam man aber eher, wenn man nicht total abgerissen aussah. Auf diesem Hintergrund eröffnete der erste Waschsalon der USA 1934 in Fort Worth (Texas).

Der Siegeszug der Waschmaschine ab den 1950er-Jahren schadete dem Waschsalongeschäft zunächst. Dann stieg der Bedarf durch wachsende Ballungsgebiete. So öffnen die meisten Waschsalons nun von 6 bis 22 Uhr, einige sogar rund um die Uhr. Viele bieten neben der Selbstbedienung auch *wash & fold*, einen Waschservice, der nach Gewicht berechnet und mitunter mit einem Hol- und Bringdienst verbunden wird.

Neuerdings finden es Immobilienfirmen schick, Neubau-Wohnungen in wohlhabenden Vierteln komplett mit Waschmaschine und Trockner anzubieten. So ist die Zahl der Waschsalons seit 2005 um fast ein Fünftel gesunken. Manche Waschsalonbesitzer machen ein Geschäft aus dem gestiegenen Immobilienwert ihres Ladenlokals, das sich im Nu in ein Restaurant oder Yogastudio verwandelt. Die anderen stellen sich abermals auf die Kundschaft ein: Mit Café-Atmosphäre samt WLAN, Kombucha und *craft beer* locken sie neugierige Nachbarn an und punkten mit Ökowaschmittel und Bezahlung per Smartphone.

FOLD
DRY
WASH

LEFTOVERS
Glücksspiel im Kühlschrank

Ob an der Burgerbude oder im Restaurant jenseits der Spitzenklasse: Der Teller ist voll. So was von voll. Wer ihn nicht leer essen kann, bekommt eine zweite Chance.

Wer meint, in den USA sei alles und jeder auf Verschwendung geeicht, wird sich im Restaurant wundern. Bleibt ein Rest auf dem Teller übrig, fragt die Bedienung meist, ob sie selbigen einpacken soll. Und so trägt es sich zu, dass ein romantisches Dinner zuweilen mit einer Tüte in der Hand endet, in der ein Restepaket baumelt. Früher einmal nannte man sie verschämt *doggie bag,* um klarzustellen, dass man sich nicht etwa mit Essensresten über Wasser halten muss, sondern sie bloß dem Hund mitbringe. Doch der Begriff erscheint heute unglücklich gewählt. Schließlich haben Hunde inzwischen ihre eigenen Tüten – in denen man ihnen ihre Hinterlassenschaften hinterherträgt. So fragt das Restaurantpersonal meist nur: *»Do you want this wrapped?«*

Diese Art *leftovers* landen dann ebenso im Kühlschrank wie Reste vom *take out,* das einmal heiß über die Imbisstheke gewandert war. Üppige Portionen sind eben eine Herausforderung – und daraus machen viele Amerikaner eine Tugend: Die Reste von heute sind der *lunch* von morgen. Manche machen daraus mit ein paar weiteren Zutaten sogar neue Gerichte.

Allerdings gibt es dabei ein Problem: das Gedächtnis. Vielbeschäftige Menschen und jene, die viel auswärts bestellen, verlieren den Überblick, wie lange genau die Essensreste schon auf den Verzehr warten. Das macht die Resteverwertung zuweilen zum russischen Roulette – auf der Gabel droht Montezumas Rache.

LIFEGUARD TOWER

Ein Thron für den Bademeister

Für diesen Platz am Strand müssen Amerikaner hart trainieren.

Spätestens am Memorial Day tauchen sie an den Stränden auf: Weiße, nummerierte oder bunt angemalte *lifeguard towers*. Mal sind sie ein schlichter Hochsitz, mal ein Häuschen auf Stelzen, so wie die berühmten bunten Türme in Miami Beach. Als Orientierungspunkt helfen sie Strandbesuchern, ihr Badetuch wiederzufinden. Droben vom Turm bricht unterdessen Ärger auf diejenigen herab, die sich nicht an die Regeln halten. Rettungsschwimmer behalten den Überblick, ob ein Hai, gefährliche Strömungen oder Wasserverschmutzung drohen oder ob jemand in Not geraten ist. Blitzschnell können sie vom Turm springen, rennen, schwimmen und Erste Hilfe leisten – dafür trainieren sie bereits im Winter.

Angehende *lifeguards* müssen zunächst einen Schwimm- und Sehtest bestehen. Zudem müssen sie je nach Bundesstaat verschiedene Zertifikate erwerben, die auf die örtlichen Gegebenheiten zugeschnitten sind und regelmäßig aufgefrischt werden. Die meisten Rettungsschwimmer arbeiten die ganze Strandsaison – meist von Ende Mai bis Anfang September – in Vollzeit zu einem Stundenlohn ab ca. 15 Dollar.

Dass sie wie auf einem Thron sitzen, kommt nicht von ungefähr: US-Rettungsschwimmer haben die Macht, alle Strandbesucher vom Wasser fernzuhalten; ein Badeverbot signalisieren sie mit roten Flaggen. Abgesehen davon haben die meisten Strände Öffnungszeiten – und eine Litanei an weiteren Vorschriften im Namen der Sicherheit, aber auch des erträglichen Miteinanders. Laute Musik und Oben-ohne-Sonnen sind meist verboten, Alkohol sowieso, manchmal auch bestimmte Sonnencremes, weil deren Inhaltsstoffe Riffs zerstören. Sonnenschutz an sich gehört an den US-Stränden aber zur erwünschten Vorsorge: Immer mehr Orte stellen kostenlose Sonnencremespender auf.

MIAMI BEACH

LINES

Immer der Reihe nach

Selbst auf einer Privatparty stehen die Leute ordentlich vor der Toilette an – und achten genau darauf, ob jemand sich vordrängelt. Neuankömmlinge fragen im Zweifelsfall besser, wer der Letzte in der Schlange ist.

Freizeitparks und manche Läden haben vor ihren Kassen eigens Absperrungen aufgestellt, zwischen denen sich die Wartenden aufreihen. An Fährstationen bilden sich meistens schon Schlangen, ehe das Schiff in Sicht ist; an Bushaltestellen finden sie sich zusammen, wenn der Bus seine Vordertür öffnet. Nur in der amerikanischen U-Bahn geht es so chaotisch zu wie in vielen anderen Ländern auch – vermutlich hat sie schlicht zu viele Türen.

Bei Autogrammstunden, Kinopremieren und an Gratis-Ticket-Schaltern reichen die Schlangen zuweilen um den ganzen Häuserblock herum. Manchmal sorgt Personal dafür, dass die Wartenden den regulären Passanten nicht im Weg stehen. Einige von jenen stellen sich mitunter rasch mit an, ehe sie fragen, worum es da eigentlich geht.

Die neueste Version eines Smartphones oder die limitierte Auflage eines Turnschuhs oder Trendgebäcks lockt sichtlich Fans. Aber da wird nicht gerannt, da wird gecampt. Vor dem Laden. Und zwar in Reih und Glied. Dazwischen geht der Unternehmergeist um: Professionelle Schlangesteher bieten denjenigen ihre Dienste an, die zwar unbedingt als Erste das begehrte Teil haben wollen, aber weder Zeit noch Lust haben, sich anzustellen. Auch Lobbyisten in Washington bezahlen Menschen dafür, sich an ihrer Stelle stundenlang vor einer politischen Sitzung im Flur anzustellen – und damit einen Platz in vorderster Reihe zu sichern.

77

LIVING IN YOUR CAR

Zuhause auf dem Parkplatz

Um das Leben im Auto ist in den USA ein Hype entbrannt – doch dahinter steckt ein Versäumnis der Städte.

Lustige Videos verherrlichen das freie, günstige *van life*. Doch freiwillig leben nur Wenige länger als ein paar Wochen im Auto. Besonders im verhältnismäßig milden Klima des Westens bietet es sich seit Jahrzehnten als Übergangslösung an, etwa nach einem Jobverlust oder beim Neuanfang in einer neuen Stadt. Doch für immer mehr Menschen ist das rollende Zuhause ohne Klo zum Dauerzustand geworden. Viele von ihnen haben Vollzeitjobs, sogar ein bisschen Erspartes – aber selbst das reicht nicht, um mit den Mieten mitzuhalten. Von den fast 60.000 Obdachlosen, die allein im bevölkerungsreichsten Landkreis der USA, Los Angeles County, erfasst sind, leben offiziellen Daten zufolge 16.525 Menschen in Autos, Kleinbussen oder Wohnmobilen.

Im Vergleich zu einer Nacht auf dem Asphalt verspricht das immerhin Schutz vor Wind, Wetter und Übergriffen. Doch vielen Wagen fehlen Toilette und Dusche, die Müllabfuhr sowieso, dafür kann man jederzeit von der Polizei aufgescheucht werden. In den meisten US-Städten ist es illegal, im Auto zu schlafen. Die Supermarktkette Walmart erlaubt das Übernachtparken zwar; davon wissen allerdings auch windige Gestalten. Deshalb haben Städte wie Los Angeles, Santa Barbara und Seattle *Safe-Parking*-Programme: Sie stellen bewachte Parkplätze für die Nacht zur Verfügung, zum Teil mit Zugang zu Waschräumen und Beratungsangeboten. Kritiker sehen das als Hilfe an der falschen Stelle. Der Bundesstaat Kalifornien beispielsweise hat in den vergangenen zehn Jahren weniger als die Hälfte des Wohnraums geschaffen, den steigende Bevölkerungszahlen erfordern. Das hat Mieten und Kaufpreise in schwindelnde Höhen getrieben – und viele Familien auf die Straße. Inzwischen gibt es sogar Extremberufspendler, die Hunderte von Meilen entfernt von erschwinglichem Wohnraum arbeiten und dort dann unter der Woche im Auto schlafen.

NO STANDING
B61
CHEVY VAN
20

78

LOCAL NEWS

Neues von nebenan

Von der Glatteiswarnung bis zur Spielplatzeröffnung: Lokalnachrichten prägen in den USA das Fernsehen.

Der Wetterbericht zieht US-Bürger Umfragen zufolge am stärksten zu lokalen Nachrichtenmedien. Dort finden sie auch andere Themen, die für ihren Alltag wichtig sind: Verkehr, lokale Politik und Wirtschaft, auch Berichte über Verbrechen sind beliebt. Ein Netz aus Lokalsendern bildet die Grundlage großer Rundfunkstationen wie CBS, ABC und NBC; als der Kabelsender Fox ihnen Konkurrenz machen wollte, schluckte er Lokalsender. Heute kaufen börsennotierte Medienkonzerne wie Sinclair und Gannett Lokalzeitungen und -sender massenhaft auf, erhöhen den Anteil zentral produzierter Nachrichten auf Kosten des Lokalen und geben den vermeintlich eigenständigen Medien teils einen ideologischen Rahmen vor.

Dennoch gilt Lokaljournalismus in den USA als Rückgrat der Demokratie. Nationalen Nachrichtenmedien vertrauen nur noch knapp ein Drittel der US-Bürger (gegenüber 52 Prozent im Nachbarland Kanada) – trotz international bekannter Häuser wie CNN, New York Times und Washington Post. Dagegen glauben mehr als zwei Drittel, dass Lokalmedien wahrheitsgetreu und fair berichten und die örtliche Verwaltung im Auge behalten. Sie warnen vor bleihaltigem Trinkwasser, klären über Wahlkandidaten auf oder entlarven Korruption im Krankenhaus. Auch der Pulitzer-Preis ehrt oft nicht große Medienhäuser, sondern Lokalredaktionen dafür, wie sie Politik und Wirtschaft zur Rechenschaft ziehen. Weil Zeitungsabos und Paywalls als Geldquelle versagen, tun sich manche lokale Print- und Onlinemedien zu Reporternetzwerken zusammen, um langfristig zu recherchieren und Skandale offenzulegen. Andere suchen mit Hilfe von Investoren oder gemeinnützigen Organisationen nach neuen Finanzierungsformen.

THE TRUE ADMINISTRATION OF JUSTICE IS THE FI

MALL WALKERS

Aktiv bis ins hohe Alter

»Wer rastet, der rostet«, scheint das Motto der meisten Senioren in den USA zu sein. Aber statt ins Fitnessstudio zu gehen, nutzen sie oft Einkaufszentren als kostenlose Sportstätten.

Sie arbeiten nicht selten über das Rentenalter hinaus, fahren noch als Achtzigjährige Auto, unternehmen Reisen, wenn sie es sich leisten können, und sind sportlich aktiv, so lange es die Gesundheit irgendwie erlaubt. In der amerikanischen Gesellschaft wird das alles als völlig normal betrachtet, eine Ausgrenzung von alten Menschen ist den Amerikanern fremd.

Ältere Menschen, die in Gegenden wohnen, wo es zu kalt oder zu heiß ist, um im Freien aktiv zu sein, funktionieren die riesigen *shopping malls* in kostenlose Fitness-Zentren um. Bevor die Geschäfte aufmachen, drehen die Senioren mit forschem Schritt einige Runden in den langen Fluren. Die Betreiber der Einkaufszentren haben nichts dagegen, denn viele der *mall walkers* kaufen später einen Kaffee oder machen andere Besorgungen. Die meisten Malls öffnen daher ihre

Haupteingänge eine Stunde, bevor die Geschäfte aufmachen. Einige bieten sogar Morgengymnastik mit Musik und Anleitung an.

Die erste Shopping Mall wurde 1956 in Edina (Minnesota) eröffnet und war eine Erfindung des 1938 aus Österreich geflohenen Architekten Victor Gruen. Damit wollte er den Menschen in den oft seelenlosen Vorstädten einen Treffpunkt schaffen, komplett mit Cafés und kulturellen Einrichtungen, so wie er es von den Einkaufspassagen in Europa kannte. Dass daraus letztendlich nur eine Ansammlung von Geschäften wurde, enttäuschte ihn.

Rund die Hälfte der 1.500 Shopping Malls in den USA sind von einer Schließung innerhalb der nächsten zehn Jahren bedroht, da die Amerikaner zunehmend online kaufen und viele Geschäfte ums Überleben kämpfen. So müssen die Betreiber der Shopping Malls umdenken und werden vielleicht doch einige von Victor Gruens Ideen umsetzen. Die Morgengymnastik für die *mall walkers* ist ja schon mal ein Anfang.

80

MANSIONS

Zu Gast bei den *one percent*

Seit Jahrhunderten gehören ausladende Immobilien zu den Statussymbolen in den USA. In manchen dieser Villen kann Jedermann den Lebensstil von Plantagenbesitzern, Ölbaronen und reichen Erben erkunden.

In Beverly Hills träumen Touristen von einer Einladung ins Haus eines Hollywoodstars. Anderswo braucht man bloß Eintritt zu zahlen – und bekommt einen Einblick in die Exzentrik der Reichen und Mächtigen. Die meisten Besucher zieht mit solchen Führungen das Weiße Haus in Washington an, besonders viele internationale Fans lockt Graceland, Elvis Presleys Ranch in Memphis (Tennessee).

Reichtum signalisiert der Angeber von heute mit einer *mega mansion*. Früher war es auch nicht besser: Das 1895 eingeweihte Biltmore in North Carolina ist mit 250 Zimmern Amerikas größtes Eigenheim. Dort lebte George Vanderbilt, Erbe des reichsten Mannes der Welt; seit den 1930er-Jahren ist es zu besichtigen. Denn ganz wie der verarmte europäische Adel vor gar nicht langer Zeit noch Unsägliches tun musste, um das Familienschloss zu halten (sogar amerikanische Erbinnen heiraten), wachsen auch manchen Herrenhausbesitzern in den USA die laufenden Kosten über den Kopf. Mit Führungen, Hotels und Shops auf dem Anwesen machen die Vanderbilts heute ein Geschäft aus der Vorstellung, dass immenser Reichtum durch räumliche Nähe irgendwie abfärbt.

Das funktioniert auch anderswo. Umgeben von zeitgenössischem Mobiliar oder Originaleinrichtung und teils von passend gekleideten Schauspielern geführt, können zahlende Besucher über die versteckten Schlafzimmertüren im Haus eines Lebemanns aus der Zeit von *The Great Gatsby* staunen oder sich in Antebellum-Ballsälen wie die Heldin aus *Vom Winde verweht* fühlen. Die Kehrseite dieses Lebensstils verschweigen die Führungen erst seit Neuestem nicht mehr: Häuser wie die Whitney Plantation in Louisiana beleuchten auch die Lebensbedingungen von Bediensteten oder Sklaven.

MUSTANGS

Zügellose Freiheit

Amerikas Pioniergeist hat vier Beine – und großen Appetit.

Sie galoppieren durch Nevada, Montana, Wyoming, Colorado, Idaho, Oregon, Utah, Arizona, Kalifornien und New Mexico, aber streng genommen sind Mustangs keine Wildpferde, sondern verwilderte Pferde: Sie stammen von Tieren ab, die Spanier im 16. Jahrhundert in die Neue Welt mitbrachten oder die später Siedlern und Soldaten ausbüxten. Für die einen verkörpern Mustangs heute noch die Verheißung Amerikas: Die große Freiheit in einem weiten, offenen Land. Für die anderen sind sie eine Landplage, die Nutztieren die Weide kahl frisst.

Denn oft dürfen Farmer ihre Herden auf die insgesamt fast 13 Millionen Hektar Land treiben, auf dem die wilden Pferde und Esel *(burros)* leben – und das dem Staat gehört. Bis Mitte des 20. Jahrhunderts war es gang und gäbe, sie zu jagen oder ihre Wasserstellen zu vergiften. Seit 1971 schützt ein Gesetz die Tiere mit der Begründung, diese Pferde und Esel in freier Wild-

bahn seien lebendige Symbole für den Pioniergeist des Westens.

Da sie keine natürlichen Feinde haben, vermehren sie sich seither immens. Das für die Verwaltung des öffentliches Lands zuständige Bureau of Land Management treibt deshalb regelmäßig die Herden zusammen und bringt die Tiere in Auffangeinrichtungen. Damit das Ökosystem der Landstriche intakt bleibt, dürften der Behörde zufolge rund 27.000 Pferde dort grasen. Im März 2016 lebten 67.000 Mustangs und *burros* auf öffentlichem Land – plus 45.000 in staatlichen Sammelstellen. Theoretisch könnte man sie zu Tierfutter verarbeiten – aber wer will ein Symbol Amerikas schlachten? So sucht die Behörde händeringend ein Zuhause für die Tiere. 1.000 Dollar bietet die US-Regierung inzwischen als Anreiz, einem Pferd oder Esel ein gutes Zuhause zu geben. Gezähmt erweisen Mustangs sich als robuste Reit- und Packtiere; das erfordert allerdings mindestens drei bis vier Monate mit täglichem Training.

NALOXONE

Wie manche Amerikaner dem Tod von der Schippe springen

Laut US-Daten aus dem Jahr 2017 stirbt alle 12 Minuten ein Mensch an einer Opioid-Überdosis. Da setzen die meisten Bundesstaaten an: Sie verbreiten ein lebensrettendes Gegenmittel.

In den 1990er-Jahren war Heroin auf dem absteigenden Ast. Jedenfalls spielte das bekannteste Opioid in den Überdosis-Statistiken der USA nur noch eine Nebenrolle. Dann wurden neue Opioide beliebt – in Arztpraxen und Krankenhäusern. Mediziner setzten sie etwa bei der Krebstherapie, nach einer Bandscheibenoperation oder einem Unfall als Schmerzmittel ein – und schickten Patienten mit einem Pillenvorrat nach Hause. Schließlich priesen die Hersteller das geringe Suchtpotenzial von Vicodin, Oxycontin oder Fentanyl. Doch das war gelogen.

Zu den Nebenwirkungen von Opioiden gehört ein euphorisches Gefühl; Drogenfreunde wussten bald, wonach sie in Muttis oder Opas Badezimmerschrank suchen mussten. Drogenhändler erfassten die Lage im Nu und nahmen nicht nur diese verschreibungspflichtigen Medikamente ins Sortiment auf, sondern erhöhten auch die Heroinproduktion – als günstigeren Ersatz. Wie eine Epidemie hat sich der Tod durch Opioid-Überdosis seither über alle Gesellschaftsschichten und Altersgruppen ausgebreitet.

Unterdessen versuchen die Bundesstaaten, das Schlimmste zu verhindern. Sie rüsten nicht nur Feuerwehr und Polizei mit Gegenmitteln aus, sondern auch Angehörige von Drogenabhängigen und interessierte Bürger. In einstündigen Schulungsprogrammen lehren sie, woran man eine Überdosis erkennt und wie man das Nasenspray mit dem Wirkstoff *naloxone* anwendet. Er blockiert die Rezeptoren für die Drogen und kehrt den Überdosiseffekt um, der ansonsten in Atemstillstand enden kann. Unterdessen müssen sich die Hersteller der Opioide vor Gericht für die unlauteren Mittel verantworten, mit denen sie Arztpraxen und Kliniken bezirzten.

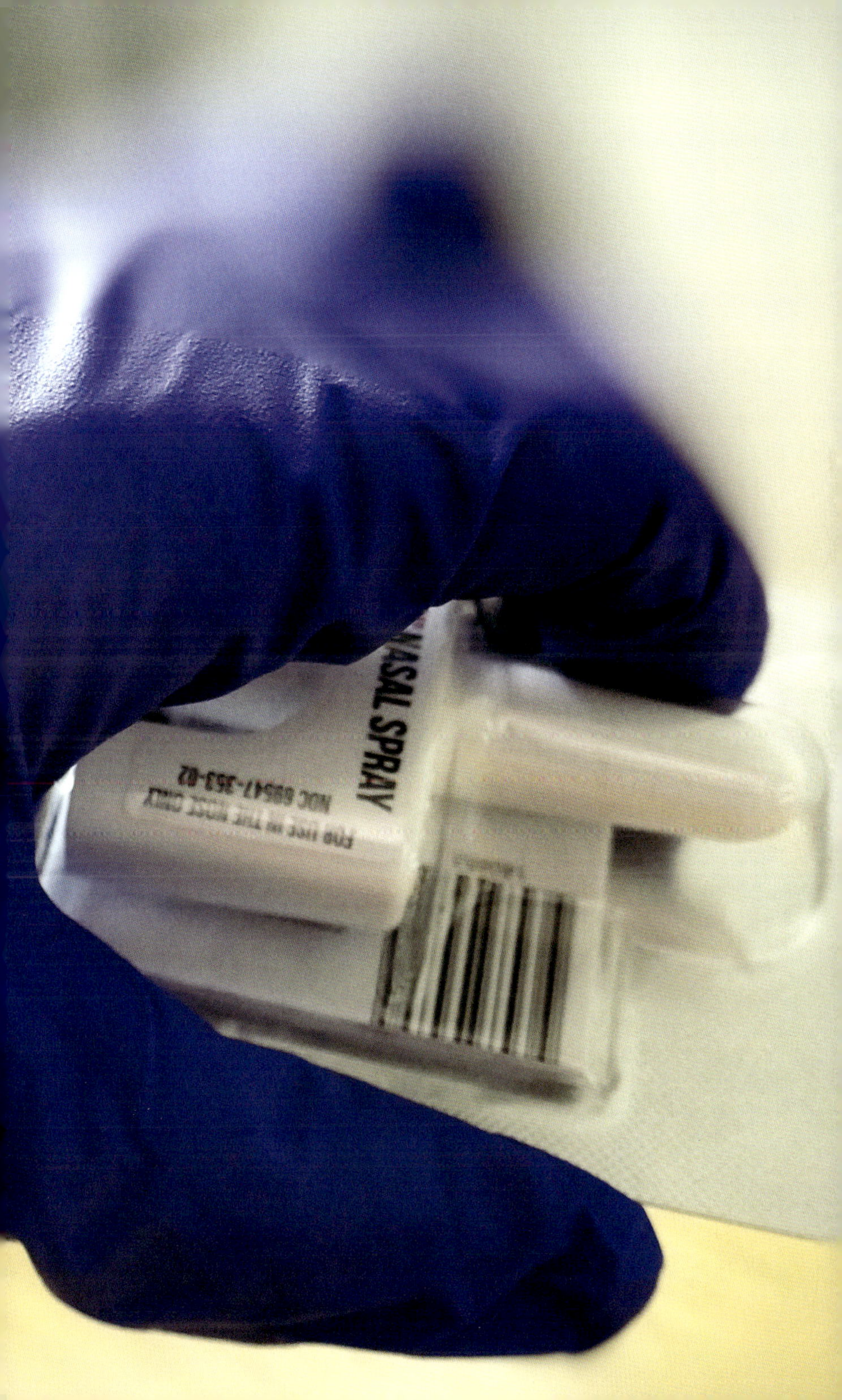
NASAL SPRAY

TOYOTA
CHARLOTTE 4
JOHNSON
LOWE'S
48
CHEVROLET SS
ELLIOTT
TRUEX JR.
78
3

NASCAR
Auslaufmodell

Statt für die Formel 1 begeistern sich viele amerikanische Freunde des Motorsports für Rennen mit vermeintlich alltäglichen Autos.

Die Anfänge der Autorennen mit Serienfahrzeugen gehen auf die Zeit der Prohibition (1920–1933) zurück, als sich Alkoholschmuggler wilde Jagden mit der Polizei lieferten. Die Schmuggler hatten ihre Autos auf Hochleistung frisiert und entwickelten waghalsige Fahrmanöver, um der Polizei zu entkommen. Das setzte sich auch nach dem Ende der Prohibition fort, als schwarzgebrannter Alkohol an den Steuerbehörden vorbeigeschmuggelt wurde. Die Fahrer trafen sich aber auch zunehmend zu reinen Autorennen, die in den 1940er-Jahren besonders im Süden der USA an Beliebtheit gewannen und viele Zuschauer anzogen. 1948 wurde in Daytona Beach (Florida) die National Association for Stock Car Auto Racing (NASCAR) gegründet, die Rennen mit getrimmten Serienautos kommerziell auszurichten begann.

Fast alle Rennen finden in stadionähnlichen Ovalen mit unterschiedlichen Streckenlängen statt, die bis 150.000 Zuschauer fassen. Im Rahmen von NASCAR gibt es verschiedenen Ligen, von denen die Monster Energy NASCAR Cup Series die höchste und publikumswirksamste Klasse ist und umgangssprachlich mit dem Begriff NASCAR gleichgesetzt wird. Mittlerweile nehmen allerdings nur noch drei Automarken (Chevrolet, Ford und Toyota) teil, und die Fahrzeuge sind alles andere als Serienautos, sondern speziell nach NASCAR-Richtlinien hergestellt.

Obwohl NASCAR noch immer der populärste Motorsport in den USA ist, sind die Besucherzahlen in den letzten Jahren immer weiter zurückgegangen, nur noch wenige Rennen werden ausverkauft. Zu den Gründen zählen ein nachlassendes Interesse junger Leute an Autos und Autorennen sowie das Fehlen besonders charismatischer Fahrer, die früher den Sport geprägt hatten. Zu ihnen gehören Dale Earnhardt, der 2001 bei der Daytona 500 tödlich verunglückte, und Danica Patrick, eine von mehr als 100 Frauen, die seit 1949 als Rennfahrerinnen bei NASCAR aktiv waren. Sie beendete 2018 ihre Laufbahn.

NATIONAL PARK SERVICE

Amerikas beste Idee

Die 61 Nationalparks der USA sind nur die Spitze des Eisbergs. Auf einer Gesamtfläche, die fast so groß ist wie Deutschland, bewahren die USA Naturwunder und Geschichte für künftige Generationen.

Vom Grand Canyon National Park in Arizona über die Cape Cod National Seashore bis zum 3.500 Kilometer langen Wanderweg namens Appalachian National Scenic Trail: In den mehr als 400 Erholungsgebieten des National Park Service (NPS) schützen rund 20.000 Mitarbeiter und mehr als 300.000 ehrenamtlichen Helfer die Natur und veranstalten Führungen. All dies beruht auf einer revolutionären Idee: Die Schönheit des Landes gehört dem Volk.

1872 wurde Yellowstone der erste Nationalpark der Welt. Angesichts des zweiten, Yosemite, standen einem Reiter 1851 die Tränen in den Augen; durch seine Erzählungen wurde die Landschaft eine Attraktion. Er war dorthin allerdings nicht als Naturliebhaber, sondern als Mitglied einer Miliz galoppiert, die Indianer in ein Reservat zwingen wollte. Frustriert über deren Ent-

kommen verbrannte die Truppe deren Dorf und Lebensmittelvorräte.

Auch diese Seite der Geschichte begann der NPS später zu bewahren. Orte wie Sand Creek (Colorado) gedenken Massakern von Soldaten in Indianerdörfern in den 1860ern, in der kalifornischen Wüste erinnert Manzanar an Internierungslager für Amerikaner japanischer Abstammung im Zweiten Weltkrieg. Vom Widerstand gegen das Ende der Rassentrennung erfährt man im Besucherzentrum neben der heute noch genutzten Highschool in Little Rock (Arkansas): 1957 mussten Soldaten dort neun afroamerikanische Schüler vor einem gewaltbereiten Mob schützen.

So spiegelt der National Park Service nicht nur den Respekt vor der Natur und ihrer Schönheit wider, sondern auch die Überzeugung, dass eine große Nation ihre Fehler offen zugeben kann und auch sollte – um daraus zu lernen. Heutzutage bekommen alle Viertklässler in den USA einen Jahrespass, der ihnen zusammen mit ihren Familien freien Eintritt in allen Nationalparks gewährt.

NEIGHBORHOOD WATCH

Holzauge sei wachsam

In den USA organisieren die Einwohner einer Straße oft eine *neighborhood watch*, um Einbrüche zu verhindern. Die National Sheriffs' Association unterstützt diese Nachbarschaftswachen und sieht in ihnen eine wirksame Methode zur Verhinderung von Eigentumsdelikten. Allerdings schlagen die wachsamen Nachbarn mitunter über die Stränge.

Das Vorhandensein einer Nachbarschaftswache ist leicht an den nahe von Straßenkreuzungen angebrachten Schildern mit der Aufschrift »*Neighborhood Watch*« oder »*Neighborhood Crime Watch*« zu erkennen. Sie warnen potentielle Straftäter, dass die Einwohner der Straße besonders wachsam sind und auf verdächtige Personen achten.

Die örtliche Polizei führt regelmäßig Veranstaltungen mit den Mitgliedern durch, auf denen sie über Kriminalitätsformen und deren Vorbeugung informiert. Die Bürger werden dabei grundsätzlich dazu angehalten, auf keinen Fall selbst einzuschreiten, sondern die Polizei zu rufen.

Nicht immer halten sich die Leute jedoch daran und die Auseinandersetzungen zwischen ihnen und den ihrer Meinung nach verdächtigen Personen gehen mitunter böse aus. In die Schlagzeilen geraten diese Konflikte, wenn die Hautfarbe der angesprochenen Personen eine Rolle spielt, genauer gesagt, wenn Schwarze in einer hauptsächlich von Weißen bewohnten Nachbarschaft ohne Grund konfrontiert werden.

NEIGHBORHOOD
CRIME WATCH

NEW BAUHAUS

Von Dessau nach Chicago

Gropius, Moholy-Nagy, Mies van der Rohe: Nach der Schließung ihrer Kunstschule durch die Nazis emigrierten viele Bauhausmeister in die USA und hinterließen dort unübersehbare Spuren.

Walter Gropius gründete 1919 das Bauhaus, eine der wichtigsten Kunst- und Architekturschulen des 20. Jahrhunderts. Ihre als »Bau der Zukunft« formulierte Utopie sollte alle Künste in idealer Einheit verbinden und die Trennung zwischen freier und angewandter Kunst aufheben. Der erforderliche neue Typ des Künstlers sollte sich am Bauhaus entwickeln. Gropius sah das Handwerk als Voraussetzung für die Kunst. Dementsprechend wirkten am Weimarer Bauhaus Handwerker und Künstler gemeinsam in Lehre und Produktion. 1923 kam der Aspekt der Industrie mit dem Leitsatz »Kunst und Technik – eine neue Einheit« hinzu, mit dem eine funktional und ästhetisch befriedigende Gestaltung angestrebt wurde.

Zu den Bauhäuslern, die nach ihrer Emigration die amerikanische Architektur und Kunst der 1930er- und 1940er-Jahre nachhaltig beeinflussten, gehörten Walter Gropius, László Moholy-Nagy und Ludwig Mies van der Rohe.

Während Bauhaus-Gründer Gropius Professor an der Harvard University wurde, gingen Moholy-Nagy und Mies van der Rohe nach Chicago. Moholy-Nagy leitete 1937/38 das New Bauhaus in Chicago. Nach dessen Auflösung gründete er 1939 die School of Design (1944 umbenannt in das noch immer bestehende Institute of Design) und führte dort seine visuelle Gestaltungslehre fort. Mies van der Rohe entwarf zahlreiche Gebäude in Chicago, u. a. die Crown Hall und die Lake Shore Drive Apartments sowie das Seagram Building in New York. Von 1938 bis 1958 war er Direktor der Architektur-Abteilung des Armour Institute, des späteren Illinois Institute of Technology. Mehrere seiner Schüler bauten Hochhäuser in Chicago, denen mit ihren minimalistischen Fassaden und großflächige Verglasungen der Bauhaus-Einfluss deutlich anzusehen ist.

OIL

Pumpen auf dem Acker

Sie nannten es das schwarze Gold und führten seinetwegen Kriege. Doch mit dem Klima wandelt sich auch das Ölgeschäft.

Für eine Weile hat Thomas Edisons Glühlampe das Ölgeschäft ruiniert. Schließlich war Lampenöl der Grund, warum Edwin Drake 1859 in Titusville (Pennsylvania) die Ölbohrung erfand. Nicht viel später wurde John D. Rockefeller als Ölbaron der reichste Mann der Welt, obwohl die Regierung seine Firma wegen Preisabsprachen zerschlug. Dann schluckten Kriegsschiffe, Autos und später auch Plastik so viel Öl, das US-Bohrungen nicht mehr reichten. Den Nachschub bedrohte immer wieder die Weltpolitik, und US-Diplomaten schwitzten über Handelsabkommen – oder Friedensaktivisten mussten einmal mehr *»No blood for oil«* auf ihre Transparente schreiben. Schließlich gab die Obama-Regierung die Parole »Ölunabhängigkeit« aus. So schöpfen die USA nun aus fast einer Million Ölquellen; bei mehr als der Hälfte mit Hilfe des umstrittenen Fracking. Damit das gewonnene Öl zu den Raffinerien gelangt, braucht es neue Leitungen. Die unterirdische Dakota Access Pipeline etwa sollte den Missouri River am Standing Rock-Reservat in North Dakota queren, obwohl ein Leck Trinkwasser, Farmbewässerung und Fisch für Tausende Bewohner vergiften würde – plus die Menschen flussabwärts. Gegen die *water protectors* der Standing Rock Sioux schickten die beteiligten Ölfirmen private Sicherheitskräfte, Polizei und Militär mit Tränengas, Wasserwerfern, Gummigeschossen und Kampfhunden. Am Ende schlossen sich mehr als 10.000 Menschen dem Protest an – und die Obama-Regierung lenkte ein. Doch 2017 kam ein neuer Präsident, und wenige Monate später floss Öl durch die Pipeline.

Unterdessen kämpfen die Ölkonzerne in den USA mit der Konkurrenz durch günstige, erneuerbare Energien – und mit Investorenschwund. Kirchen, Universitäten und Rentenfonds ziehen neuerdings ihr Kapital aus Geldanlagen ab, die auf Öl, Gas und Kohle beruhen. Allerdings sind die USA noch immer mit Abstand die größten Ölverbraucher der Welt.

OYSTERS

Zukunftsmuscheln

Vom Arbeitersnack zur Delikatesse – und vielleicht wieder zurück.

Austern sind die Rettung. Nicht nur, wenn auf der Luxusjacht im Golf von Mexiko der kleine Hunger kommt, sondern auch vor dem nächsten schlimmen Sturm in New York. Das Billion Oyster Project siedelt dort Austern an, damit deren Bänke einmal als natürliche Wellenbrecher dienen und deren Bewohner das Hafenwasser filtern. Diese Idee führt gleichzeitig in die Zukunft und in die Vergangenheit.

Denn ausgerechnet im New Yorker Hafen soll einmal der halbe Austernbestand der Welt gehockt haben. Schon die dortigen Ureinwohner haben sie in rauen Mengen verdrückt, die ersten europäischen Entdecker schwärmten davon, dass es die Muscheln in Hülle und Fülle und erstaunlicher Größe gab. So waren Austern noch zu Anfang des 19. Jahrhunderts für New York so typisch wie heute Bagel und Hot Dog. Es gab Austern gebraten, als Eintopf, Soße und als Füllung für Geflügel, und an Straßenständen kauften Arbeiter sie zu allen Tages- und Nachtzeiten als billigen Imbiss auf die Hand. Das Austernessen hinterließ solche Berge an Schalen, dass daraus in frühen Siedlerzeiten Straßenbelag und Mörtel hergestellt wurde.

New York stieg zum größten Austernlieferanten der Welt auf, bis eine Kombination aus Umweltverschmutzung und Überfischung die Bestände so arg dezimierte, dass ihre Seltenheit sie zur Delikatesse machte. Noch Jahrzehnte nach dem *Clean Water Act* von 1972 sind New Yorker Austern zu giftig zum Essen. In den Restaurants, die dem Billion Oyster Project ihre Austernschalen für den Aufbau der Bänke spenden, stammen die Muscheln oft aus der Nähe, etwa aus dem Long Island Sound, oder aus anderen Atlantikregionen wie der Chesapeake Bay – auch wenn Pazifikaustern ebenfalls eine Delikatesse sind.

PARADES

Zug durch die Gemeinde

Feiertag, Ehrerbietung oder Übermut: In den USA findet sich immer ein Anlass für einen festlichen Umzug.

Als 1886 die Freiheitsstatue in New York eingeweiht wurde, bewegte sich ein feierlicher Marsch den Broadway hinunter. Spontan warfen Büroangestellte entlang der Route Papierstreifen aus ihren Börsentickern aus den Fenstern. Seither regnete es bei solchen *ticker tape parades* geschreddertes Papier und Konfetti unter anderem auf Fußballweltmeisterinnen, Astronauten der ersten Mondlandung und die Siegesparade zum Ende des Zweiten Weltkriegs.

Militärparaden sind in den USA allerdings selten. Zwar prägen Uniformierte die Paraden am Unabhängigkeitstag, Memorial Day und Veterans Day, aber darunter mischen sich Kinder, Politiker und soziale Organisationen; und es rollen auch keine Panzer hinter ihnen her. Selbst die wenigen klassischen Militärparaden, die das Land erlebte, dienten nicht der Demonstration von Stärke, sondern feierten die Rückkehr der Soldaten ins zivile Leben – zuletzt nach dem Golfkrieg 1991.

Selten sind auch Karnevalsumzüge – außer in Louisiana, Alabama und Missouri: Am berühmtesten ist der *Mardi Gras* in New Orleans. Religiöse Prozessionen bleiben meist kleineren Vierteln vorbehalten. An großen Feiertagen geht es eher säkular zu, etwa bei den Thanksgiving Parades, an deren Ende oft der Weihnachtsmann den nächsten Grund zum Feiern einläutet, oder den Lunar New Year Parades mit ihren berühmten Drachen.

Mit Festwagen, Kapellen und Fußvolk feiern viele Städte die Kulturen ihrer Einwanderer oder Ureinwohner, etwa mit der irischen St. Patrick's Day Parade oder der Aloha Floral Parade auf Hawaii. Die größte afroamerikanische Parade der USA ist die Bud Billiken Parade in Chicago: Sie entstand 1929 auf Initiative einer Zeitung, um Kindern und Jugendlichen den Rücken zu stärken.

Hinzu kommt eine Vielzahl an Paraden, die Fantasie und Übermut feiern – und oft auch prämieren. Zu Halloween etwa geistern Zombies die Straße entlang, bei Mermaid Parades geht es maritim zu und bei den Houston Art Cars sind sogar die Gefährte preisverdächtig.

ONE WAY

PENNSILFAANISCH DEITSCH

Deutsche Sprache Made in America

Mehr als 350.000 Menschen in den USA sprechen Pennsilfaanisch Deitsch, die auf pfälzischen Dialekten aufbauende amische Sprache.

Wer einmal Gelegenheit hat, einem Gespräch von Amischen zuzuhören, wird wahrscheinlich kaum etwas verstehen. Am ehesten wird man wohl einige der vielen englischen Lehnwörter heraushören, z. B. wenn jemand sagt: »Ich hab gefarmt.« Hochdeutsch beherrschen nur wenige Amische.

Die Amischen haben eine lange Geschichte in Amerika. Sie spalteten sich unter der Führung von Jacob Ammann ab 1693 in der Schweiz und in Süddeutschland von den Mennoniten ab, und ihre Auswanderung nach Amerika war bereits um 1770 abgeschlossen. Viele der Mennoniten siedelten dagegen erst in Russland und wanderten dann in der zweiten Hälfte des 19. Jahrhunderts ebenfalls nach Amerika aus.

Viele Amische betreiben Landwirtschaft mit Pferden und verzichten je nach Gruppierung auf Auto, Telefon und Fernsehen, erzeugen aber mitunter eigenen elektrischen Strom, z. B. mit Solarzellen. Ihre Kleidung ist einfach gehalten. Konservative Mennoniten und Amische weisen in der Lebensweise viele Gemeinsamkeiten auf und werden von Außenstehenden leicht verwechselt. Insgesamt sind Mennoniten allerdings der modernen Technik weniger abgewandt und nutzen Autos und Traktoren sowie das Stromnetz.

Die meisten Amischen leben in Pennsylvania, Ohio und Indiana. Aber auch in 25 anderen Bundesstaaten kann man Pennsilfaanisch Deitsch *(Pennsylvania Dutch)* hören. Dieser deutsche Dialekt hat sich in seiner heutigen Form erst in den USA entwickelt. Im Gegensatz zu einigen Regionalsprachen in Deutschland ist Pennsilfaanisch Deitsch nicht vom Aussterben bedroht, da die Amischen zum einen viele Kinder haben und zum anderen kein hochdeutsches Fernsehen schauen oder Radio hören, was den eigenen Dialekt zurückdrängen könnte.

Übrigens: Der englische Begriff »*Amish*« wird mit einem langen deutschen »A« gesprochen.

NEXT
2 MILES

PLEDGE OF ALLEGIANCE
Ausgesprochener Patriotismus

Das gemeinsame Aufsagen eines Gelöbnisses auf die Fahne der USA ist ein Ritual, das bei manchen Lesern Erinnerungen an die Fahnenappelle im DDR-Schulwesen aufkommen lassen dürfte.

Bei der ersten Sitzung eines neugewählten Kongresses, bei vielen Versammlungen in der Lokalpolitik, bei Sportwettkämpfen und vor allem täglich an vielen öffentlichen Schulen wird im Chor folgendes Gelöbnis aufgesagt:

> *»I pledge allegiance to the flag of the United States of America, and to the republic for which it stands, one Nation under God, indivisible, with liberty and justice for all.«*

> »Ich gelobe Treue auf die Fahne der Vereinigten Staaten von Amerika und die Republik, für die sie steht, eine Nation unter Gott, unteilbar, mit Freiheit und Gerechtigkeit für jeden.«

Um insbesondere den vielen Einwandererkindern Loyalität gegenüber den USA einzuimpfen, rezitierten Schulklassen ab 1887 eine frühe Version von George Balch, einem Lehrer aus New York, der als Hauptmann im Amerikanischen Bürgerkrieg diente. Der heutige Gelöbnistext stammt von Francis Bellamy, einem sozialistischen Baptisten-Pfarrer, der diesen 1892 verfasste und dazu noch die Praxis einführte, dass die Schüler den rechten Arm gen Flagge streckten. Da diese Geste arg dem Hitlergruß glich, wird seit 1942 stattdessen die Hand aufs Herz gelegt. Bellamy trat für die strikte Trennung von Staat und Kirche ein, die Worte *»under God«* wurden erst 1954 hinzugefügt, um die USA von den atheistischen Staaten des Ostblocks zu unterscheiden.

Kritiker bemängeln, dass kleine Schulkinder dieses Gelöbnis noch nicht verstehen und es deshalb nicht täglich aufsagen sollten. Andere stoßen sich an den Worten *»under God«*. Aufgrund mehrerer Gerichtsurteile kann niemand zum Aufsagen gezwungen werden.

Das *Pledge of Allegiance* sollte übrigens nicht mit dem *Oath of Allegiance* verwechselt werden, einem Eid, den neue Staatsbürger leisten müssen. Dieser ist wesentlich länger und enthält das Versprechen, die Verfassung der USA, falls gefordert, auch mit der Waffe in der Hand zu verteidigen. Das *Pledge of Allegiance* wurde dagegen von Bellamy mit Absicht kurz genug gehalten, um es in 15 Sekunden aufsagen zu können.

92

POPS

Grauzone zum Entspannen

Manche US-Städte haben mit einem Immobilientrick dafür gesorgt, dass die Privatwirtschaft öffentlich zugängliche Räume schafft – allerdings muss man die erst einmal finden.

Von der Terrasse im 14. Stock hat man einen herrlichen Blick aufs Wasser, und es kostet keinen Cent Eintritt. Das ist nicht der einzige Geheimtipp am Boston Harbor Walk. Denn in vielen Großstädten stellt nicht nur die Kommune Bänke und Wasserspender, Springbrunnen und Riesenschach auf, sondern auch die Privatwirtschaft. Schließlich bekommt sie im Gegenzug die Erlaubnis, höhere oder größere und damit lukrativere Wolkenkratzer zu bauen. Das Ergebnis: *privately owned public spaces* (POPS).

In San Franciscos Financial District kann man darin unter Redwood-Bäumen sitzen, in Manhattan unter einem Wasserfall. Mal sind POPS grüne Oasen, mal klimatisierte Lobbys, mal wenig einladende Betonflächen.

Mit baulichen Mitteln, die etwa Rampen oder potenzielle Liegeflächen unterbrechen, werden mitunter Skater oder Obdachlose verdrängt. Manchmal sorgen uniformierte Angestellte dafür, dass Besucher den Vorstellungen der Besitzer entsprechen, manchmal neue Regeln – wie etwa mit einem Schlafsackverbot, als die Bewegung »Occupy Wall Street« einen POPS namens Zuccotti Park in New York besetzte. Denn POPS geben sich zwar den Anschein eines öffentlichen Raums, aber sie gehören nicht der Allgemeinheit, sondern jemandem, der jederzeit von seinem Hausrecht Gebrauch machen kann.

In Gebäuden befindliche POPS können sich sogar unsichtbar machen: Wer traut sich schon ohne Termin in ein Bürogebäude? Oft gehören Hinweisschilder zum Anforderungskatalog der Stadt, aber daran halten sich nicht alle. Deshalb haben engagierte Bürger in mehreren US-Städten Karten oder Datenbänke angelegt, die eine Grundlage für Rechenschaft über den Zustand dieser Orte schaffen – und Besuchern beim Entdecken solcher Geheimtipps helfen.

PORCH

Draußen unterm Dach

Sehen und Gesehen Werden: Wie ein architektonisches Mittel die Nachbarschaft zusammenbringt.

Als das Filmteam von *The Truman Show* nach einer Idylle für den Dreh suchte, erschien Seaside in Florida ideal. So eine gemütliche kleine Siedlung, wo jeder jeden kennt! Das kommt nicht von ungefähr. Eigentlich hatten die Architekten dieser Siedlung Mitte der 1980er-Jahre den Umweltschutz im Sinn, als sie entschieden: Hier muss wieder jedes Haus eine *porch* haben. Die überdachte Terrasse zur Straße hin bringt Schatten, kühlt das Haus und verringert damit die Nutzung von Klimaanlagen. Bald stellte sich heraus, dass so eine Veranda darüber hinaus die Menschen zusammenbringt – so wie früher.

Beim Eistee oder Feierabendbier wird dort aus dem freundlichen Gruß an vorbeilaufende Nachbarn leicht ein Schwätzchen – oder eine Party. Vom 18. Jahrhundert bis zum Zweiten Weltkrieg war die *porch* weit verbreitet in den USA: viel erträglicher als das stickige Haus, viele schliefen im Sommer sogar dort, zuweilen geschützt von Mückendraht. Ab den 1940er-Jahren hielten Klimaanlagen und Fernseher immer mehr Menschen drinnen, und selbst draußen zogen sie sich zurück in den Garten hinterm Haus.

Heute entdecken besonders Besitzer alter Häuser die *front porch* wieder als Außenwohnzimmer: mit Stühlen und Tischchen, manchmal sogar einem Deckenventilator und sehr oft mit Schaukelstuhl und *porch swing*, einer in der Decke verschraubten Hollywoodschaukel. Dort kann man über Politik oder Sport diskutieren, es werden Neuigkeiten ausgetauscht und Anekdoten erzählt, aufwändige Frisuren geflochten oder Erbsen gepalt. Und wenn die ganze Familie drinnen ist und man etwas unter vier Augen besprechen will, wird die *porch* zur semi-privaten Zuflucht.

Zudem ist sie ein prima Ort zum Spionieren, und das auch noch auf sozial akzeptierte Weise: Man sieht ja, wer guckt.

1116

POSTED
Waidmanns Leid

Mit ihrer Tier- und Pflanzenwelt ziehen US-Landschaften Jäger, Camper und Naturfotografen an. Doch das Betreten ist oft verboten.

Tief im amerikanischen Wertekanon steckt die Idee, dass die Naturschätze und Wildtiere des Landes allen gehören – inklusive Nachkommen. Deshalb müssen diese Lebensräume bewahrt werden. Daraus entwickelte US-Präsident Theodore Roosevelt zu Beginn des 20. Jahrhunderts nicht nur den Nationalpark, sondern auch die Antwort auf die Frage: Wer soll das bezahlen? Am Schutz der Bären, Bisons, Bighorns und ihrer Lebensräume sollten sich diejenigen beteiligen, die sie so gerne jagen.

Noch heute stützen die Bundesstaaten ihre Naturschutzmaßnahmen zu rund 60 Prozent auf die Erlöse von Jagd- und Angelscheinen sowie eine Extrasteuer auf Waffen und Angelbedarf. Waffenbesitzer machen heute ungefähr ein Viertel der US-Bevölkerung aus, und weniger als jeder Fünfte von ihnen ist ein Jäger; deren Zahl hat sich in den vergangenen 50 Jahren halbiert. Das sind zwar immer noch 11,5 Millionen Jäger. Aber fast achtmal so viele Menschen – 86 Millionen – nutzen die Wald- und Wiesenvielfalt inzwischen mit Kamera, Fernglas und Wanderstock. Diese Naturbeobachter würden viele Bundesstaaten gern bei der Finanzierung von Schutzmaßnahmen einbinden. Schließlich ist immer weniger Land frei zugänglich.

»Keep out«, »Private Property«, »No Trespassing«: Grundbesitzer müssen ihre Rechte in den meisten Bundesstaaten mit Schildern abstecken. Entsprechende Gesetze schreiben zum Teil sogar deren Größe, Farbe, Abstand und Formulierung vor. Das größte Wort auf vielen dieser Schilder stiftet Verwirrung: *posted.* Das bedeutet bloß, dass etwas bekanntgegeben wurde – schon vor Jahrhunderten entlehnt aus der Sitte, Bekanntmachungen an einen Pfosten *(post)* zu nageln. In den seltensten Fällen gehört es zur vorgeschriebenen Hinweisform; wahrscheinlich ist es bloß in Agrar- und Baumärkten am gängigsten.

POSTE
PRIVATE PROPERT
HUNTING, FISHING, TRAPPIN
TRESPASSING FOR ANY
IS STRICTLY FORBIDDEN
VIOLATORS WILL BE
Name
Address

POWWOW

Die wahren Amerikaner

Musik, Tanz, Essen und Stände mit schönen Dingen: Mit großen Treffen feiern amerikanische Ureinwohner ihre Kulturen. Dahinter steckt allerdings kein uraltes Ritual.

Im Osten hat der Zuschauerkreis eine Öffnung, und dort treten die Tänzer verschiedener Stämme zum *Great Entry* ein. Einige stammen von Nomaden, andere von Bauernvölkern ab, und ihre Riten und Glaubensvorstellungen sind so unterschiedlich wie ihre Festtrachten. 573 Stämme erkennt die US-Regierung offiziell an; nur ein Dutzend hat in seiner Geschichte Federschmuck getragen.

Weil Weiße dennoch Federn als Zeichen »echter Indianer« sehen, passten manche sich schon vor mehr als 150 Jahren bei touristischen Aufführungen an dieses Bild an, während sie privat ihre eigene Kultur pflegen. Darum geht es auch beim *Powwow.* Um eine große Trommel herum steht *The Drum,* eine Gruppe aus Sängern und Trommlern. Je nach Kultur gilt der von ihnen vorgegebene Takt als Herzschlag des Volkes oder von

Mutter Erde. Sein Ende perfekt mit beiden Füßen auf dem Boden zu erwischen, ist ein wichtiges Kriterium bei den bei *Powwows* beliebten Tanzwettbewerben.

Sie helfen dabei, Traditionen an die nächste Generation weiterzugeben – viele *Native Americans* müssen selbst die Sprache ihres Stammes neu lernen. Ab dem 19. Jahrhundert zwang die US-Regierung auf Indianerreservaten geborene Kinder in Internate, um sie zu assimilieren. Dort nahm man ihnen ihre Kleider und sogar ihren Namen weg, ihre Sprache war ebenso verboten wie Gesänge, Tanz und spirituelle Traditionen, es ging militärisch zu, und Lehrer verhöhnten die Kultur, aus der die Kinder stammten. Erst in den 1970er-Jahren änderte sich die Gesetzeslage, und viele der *Indian boarding schools* schlossen in den 1980er- und 1990er-Jahren. Trotz dieser gräulichen Erfahrung mit Vertretern der US-Kultur stehen die meisten *Powwows* auch Nicht-Natives offen. Beim Besuch sollte man sich respektvoll benehmen – und um Erlaubnis fragen, ehe man fotografiert.

PRIDE
Schön anders

Noch immer gibt es Amerikaner, die wegen ihrer Identität diskriminiert werden. Vehement setzt die LGBTQ+-Gemeinde dem etwas entgegen.

In einem Land, dessen Bevölkerung sich größtenteils aus Menschen unterschiedlicher Herkunft zusammensetzt, ist die gesellschaftliche Mitte beweglich – aber nicht jedes Mitglied der Gesellschaft. Eine erzkatholische Asylbewerberin aus Peru kann ihre Tochter ebenso zum Röcke tragen zwingen wie ein Weißer, der sich in eine Herrenrasse fantasiert. In Vorort, Funk und Fernsehen gehören homosexuelle Paare mit adoptierten Kindern ganz selbstverständlich dazu, aber noch immer landen manche US-Jugendliche auf der Straße, wenn ihre Eltern erfahren, dass sie homosexuell sind. Zwischen diesen Widersprüchen erinnern LGBTQ+ daran, dass sie anders sind – und dieselben Menschenrechte genießen wie alle anderen auch.

1951 bestätigte Kalifornien als erster Bundesstaat das Versammlungsrecht von Schwulen in einer Bar. Trotzdem drangsalierte sie die Polizei. Als sich 1969 bei einer Polizeirazzia in der New Yorker Bar Stonewall Inn die Gäste wehrten, kam ein Wendepunkt für die US-Gesellschaft: das Ende der Scham. Immer mehr Schwule, Lesben, Transgender und Bisexuelle entschieden sich gegen ein Schattendasein und kämpften für ihre Rechte.

Zum ersten Jubiläum dieser Nacht zog eine große Gruppe auf die Straße, um mit dem Christopher Street Gay Liberation Day gleichzeitig ihr Anderssein zu feiern und ihren Zorn über Diskriminierung und Gewalt zu äußern.

1978 entwarf der Künstler Gilbert Baker in San Francisco die Regenbogenfahne, und während die Parade sich weltweit verbreitete, änderte sich ihr Name in *Gay Pride* und dann schlicht *Pride* (Stolz).

In Deutschland ist die Veranstaltung heute noch als Christopher Street Day bekannt, benannt nach der Adresse des Stonewall Inn.

LGBTQ+: Die Abkürzung steht für die Bandbreite der Geschlechteridentitäten und Lebensweisen, zum Beispiel Lesben, Schwule, Bisexuelle, Transgender, Queer und ihre Verbündeten.

PRIVATE BEACH

Auf Sand gebaut

Von Meeresbrise umweht kündet ein Schild von jenen, die die große Freiheit für sich allein haben wollen. Doch am Strand hat die Öffentlichkeit das Recht auf ihrer Seite.

Im Traum vom Haus am Meer tauchen selten sonnenbadende Massen auf. Deshalb locken Immobilienhändler, Hotels und Ferienwohnungen gerne mit dem Zusatz *private beach access.* Das klingt nach romantischen Strandspaziergängen, aber der Privatstrand ist in Wahrheit oft relativ klein, näher am Haus als am Wasser – und nicht komplett abgeschottet. Denn in den meisten Bundesstaaten darf auch vor Millionenvillen jeder unbehelligt in der Sonne braten, angeln oder durchs Wasser waten.

Dort muss man allerdings erst einmal hinkommen. Wenn an Stränden in wohlhabenden Gegenden plötzlich Parkplätze verschwinden, Hotel- oder Hausbesitzer Zäune bis ins Meer hinein ziehen, Siedlungen komplett den Strandzugang blockieren oder selbiger einen Geldbetrag kostet, der an Wegelagerei grenzt, stehen deshalb schnell Gesetz- oder gar Verfassungsmäßigkeit zur Diskussion.

Dann prallen zwei amerikanische Werte aufeinander: Freiheit und Eigentum. Privatbesitz beinhaltet in den USA prinzipiell das Recht, anderen den Zutritt zu verwehren. Gleichzeitig ist ein weites, offenes Land Teil der nationalen Identität. *Freedom to roam,* also das Recht, sich frei zu bewegen, gilt in den USA allerdings nur für Land, das der öffentlichen Hand gehört. Dazu gehören der *public trust doctrine* zufolge auch Meeresküsten und Strände.

Die Grenzziehung zwischen privat und öffentlich überlassen die meisten Bundesstaaten der Natur: Der *wet beach* unterhalb der Linie, die das Wasser durchschnittlich bei Flut am Strand erreicht, gehört demnach allen Amerikanern – zum Frust mancher Traumhauseigentümer.

NO
HUNTING
FISHING
TRESPASSING
PRIVATE PROPERTY

PRIVATE PRISONS

Ein lukrativer Wirtschaftszweig

Fast 10 Prozent der Strafgefangenen und 75 Prozent der festgenommenen illegalen Einwanderer sitzen in privatwirtschaftlich betriebenen Gefängnissen.

In den 1980er-Jahren waren in vielen Bundesstaaten die Gefängnisse überfüllt. Private Unternehmen boten an, neue Gefängnisse preiswerter zu bauen und zu betreiben, wodurch weniger Steuergelder verwendet werden müssten. Sowohl die Bundesstaaten als auch die Bundesregierung bringt heute einen Teil ihrer Gefangenen in privaten Haftanstalten unter. Zwei Unternehmen, CoreCivic und GEO Group, sind die Platzhirsche in diesem Wirtschaftszweig, sie haben insgesamt 79 Prozent Marktanteil.

Kritiker weisen darauf hin, dass in privat betriebenen Gefängnissen mehr Gewalt herrscht. Sie führen das vor allem auf die geringere Zahl an Wachpersonal sowie dessen schlechte Ausbildung und Bezahlung zurück. Zudem gibt es weniger Bildungs- und Freizeitangebote für die Insassen.

Ein Bericht des Justizministeriums für das Jahr 2016 stellte 28

Prozent mehr Körperverletzungen, die Insassen in Privatgefängnissen einander zugefügt hatten, und mehr als doppelt so viele Angriffe auf das Wachpersonal wie in staatlichen Gefängnissen fest. Daraufhin sollte zumindest die privatwirtschaftliche Unterbringung von Gefangenen der Bundesregierung zurückgefahren werden.

Nach der Amtsübernahme von Donald Trump schnellte der Aktienpreis der beiden großen Unternehmen jedoch in die Höhe, da er sein Wahlversprechen wahr machte und Hunderttausende illegale Einwanderer festnehmen und bis zu ihrer Abschiebung hauptsächlich in den Privatgefängnissen einsperren ließ. Beide Unternehmen hatten kräftig für seinen Wahlkampf und die Feierlichkeiten anlässlich der Amtseinführung gespendet.

Für die Unterbringung eines Abschiebehäftlings zahlt die Regierung den Unternehmen 159 Dollar pro Tag – ein lukratives Geschäft. Insgesamt machen die privaten Gefängnisse damit rund fünf Milliarden Dollar Umsatz im Jahr.

PRIVET HEDGES
Ausgeheckt

Privatsphäre ist in den USA Luxus – und Liguster ein Statussymbol.

Als englische Siedler dereinst Ligustersträuche über den Atlantik schipperten, hatten sie nicht mehr im Sinn als ihre Gartengewohnheiten: Die robuste Pflanze sollte auch in der Neuen Welt als Einfriedung mit Formschnitt dienen. Heute sind meterhohe Ligusterhecken zum Wahrzeichen der Hamptons geworden. An der Spitze von Long Island, etwa drei Autostunden von New York entfernt, schweifte der Blick noch vor wenigen Jahrzehnten über Ackerland bis zum Atlantikstrand. Nun prallt er vor grüne Wände, hinter denen sich Villen im Wert von oft zweistelligen Millionenbeträgen verstecken. Deren Besitzer verbreiten gern die Mär, das Wort *privet* (Liguster) sei mit *private* verwandt.

Von Beverly Hills bis Palm Springs, von Atherton im Silicon Valley bis Westport in Connecticut sprießen bis zu sieben Meter hohe Hecken. Obwohl in den südlichen Gefilden der USA andere Pflanzen besser wachsen, ist die Symbolkraft der Ligusterhecke auch jenseits der Hamptons gefragt. Sie strahlt Macht und Reichtum aus mit der Botschaft: Ich kann mir ein gigantisches Anwesen leisten, und du nicht; du darfst es nicht einmal sehen. Freilich ist Liguster nicht die einzige Pflanze, die die *One Percent* vom gemeinen Volk abgrenzt. Manche Hollywoodstars setzen zudem den Hubschrauber-Paparazzi Dutzende Palmen oder einen Baldachin aus Ficus vor die Linsen.

Aber nichts wächst so schnell wie eine Ligusterhecke: Mehrmals im Jahr dröhnen elektrische Heckenscheren durch die Hamptons, und das kostet. Manche scheren deshalb nur die ihrem Grundstück zugewandte Heckenseite – und beim Nachbarn wuchert es in den Tennisplatz. In Southampton gab es deshalb so viel Ärger, dass dortige Hecken nun unter Androhung einer Gefängnisstrafe mindestens einmal im Jahr auf allen Seiten gestutzt werden müssen. Santa Monica dagegen hat die Front geöffnet: Zur Straßenseite hin dürfen Hecken dort nur einen Meter hoch wachsen.

PUBLIC LIBRARY

Wo der Lesehunger gestillt wird

In den USA gibt es mehr öffentliche Bibliotheken als McDonald's-Filialen. Sie sind, ohne Übertreibung, eine wichtige Säule der Demokratie.

In den USA existieren mehr als 9.000 öffentliche Bibliotheken *(public libraries)* mit beinahe 8.000 zusätzlichen Zweigstellen, die insgesamt mehr als 136.000 Mitarbeiter und 170 Millionen registrierte Leser zählen. Der Betrieb der Bibliotheken kostet mehr als zehn Milliarden Dollar im Jahr. Über 84 Prozent dieser Kosten werden von den Städten und Landkreisen aufgebracht, deren Haushalte sich in erster Linie durch die Besteuerung von Immobilien finanzieren. Spenden machen acht und Zuschüsse der Bundesstaaten sieben Prozent aus.

Öffentliche Bibliotheken ermöglichen insbesondere ärmeren Leuten den kostenlosen Zugang zu Informationen. In den *public libraries* der USA gibt es rund 300.000 Computer mit Internetanschluss. Selbst kleinere Bibliotheken haben oft zwei Dutzend Internetcomputer. Neben zahlreichen Veranstaltungen für Kinder bieten viele Bibliotheken auch Kurse für Erwachsene, u. a. zu Themen wie Arbeitssuche und Bewerbung sowie Englisch als Fremdsprache. Bibliothekare helfen nicht selten beim Ausfüllen und Ausdrucken von Bewerbungen.

Öffentliche Bibliotheken in Großstädten und Ballungsgebieten haben oft auch zahlreiche fremdsprachige Bücher und Zeitschriften im Bestand. Bibliotheken mit einem ländlichen Einzugsgebiet verfügen in der Regel über eine Fahrbücherei.

Zusätzlich zu den nahezu 17.000 *public libraries* gibt es mehr als 3.000 akademische Bibliotheken und rund 98.000 Schulbibliotheken. Zum Vergleich: McDonald's hat etwa 14.000 Filialen in den USA.

PUMPKINS
Schnitzerei für die Suppe

Orange, gelbe, grüne, weiße und rote Früchte in den verschiedensten Formen: Lange vor europäischen Sitten gehörte der Kürbis zur amerikanischen Kultur.

Schon vor mindestens 5.000 Jahren kultivierten die Ureinwohner Nordamerikas vielfältige Kürbisgewächse, zu denen auch Zucchini und Gurken gehören. Der gemeinsame Nenner in den höchst unterschiedlichen Ureinwohnerkulturen ist das Ideal eines Gleichgewichts aus Geben und Nehmen in der Natur. Ihm trugen sie mit verschiedenen Pflanzmethoden Rechnung, mit denen sie ihre Felder bestellten. Eine davon prägt das heutige Verständnis vieler Amerikaner von der Agrargeschichte ihres Landes: *The Three Sisters* – Mais, Bohnen und Kürbis. In dieser Mischkultur dient Mais als Rankhilfe für Bohnen, die ihm Stickstoff liefern, und als Schattenspender für Kürbis, der mit seinen Blättern Unkraut unterdrückt. Die Pflanzen ergänzen sich auch bei der Verbesserung der Bodenqualität.

Tragischerweise hat die daraus entstandene Fruchtbarkeit solcher Felder zu Begehrlichkeiten unter den europäischen Siedlern geführt, die in Vertreibung und Enteignung der Ureinwohner mündeten. Viele ihrer widerstandsfähigen Kürbis-, Mais- und Bohnensorten gingen verloren. Eine zentrale Rolle in der amerikanischen Küche spielt der Kürbis aber auch heute noch.

Zur Erntezeit im Oktober wetteifern Hobbygärtner um neue Größenrekorde. Es gibt Speisen von Kürbissuppe bis *pumpkin pie* (Kürbiskuchen), selbst Kaffee wird mit Kürbisaroma angeboten. Stadtfamilien fahren an den Wochenenden aufs Land, um auf Kürbisfeldern die passende Herbstdekoration zu finden – und ein Gehäuse für einen *Jack O'Lantern*. Irische Einwanderer brachten den Brauch mit, grässliche Fratzen in Rüben zu schneiden und diese von innen zu beleuchten. In der Neuen Welt fehlten Rüben, doch Kürbis stellte sich als noch besseres Material heraus. Inzwischen schnitzen manche tagelang an Kürbissen für Wettbewerbe und Ausstellungen im Dunkeln.

R·I·P

QUINCEAÑERA

Hispanische Geburtstagsrüschen

Viele Kulturen haben Riten, die den Übergang von der Kindheit zum Erwachsensein symbolisieren. In den USA zeigt sich das zum Beispiel bei diesen »Prinzessinnen für einen Tag«.

Die Idee klingt nach Disneyfilm: An deinem 15. Geburtstag wirst du zur Prinzessin. Mit der *quinceañera* feiern manche hispanische Familien in den USA den Wandel ihre Töchter zur jungen Frau. Das Fest ist in vielen südamerikanischen und karibischen Kulturen und etwa seit den 1970er-Jahren auch in den USA verbreitet, zuletzt angefeuert durch starbesetzte *quinceañeras* von Promis wie Bella Thorne. Die Wurzeln des Brauchs sollen in einer Mischung aus Riten spanischer Kolonialisten und indigener Völker wie der Azteken liegen.

Nach einer katholischen Messe mit Familie und Paten folgt ein Fest mit Musik, Tanz und Essen mit Freunden und Verwandten. Umringt von einem Hofstaat aus *damas* und *chambelánes* zieht dem in ein Abendkleid gehülltem Geburtstagskind ein Erwachsener – zum Bei-

spiel der Vater – hohe Schuhe an, die es von nun an tragen darf. Viele der jungen Latina können darüber nur kichern – und sich kaum vorstellen, dass jemand erst mit 15 anfängt, sich aufzurüschen. Doch die Aussicht auf eine rauschende Party mit vielen Freunden korrumpiert selbst abgeklärte Teenager. Und so strahlen Prinzessinnen vor blühenden Bäumen, glitzernden Skylines und dekorierten Festsälen in die Kamera, flankiert von Jungs, die ausstaffiert sind wie eine Auswahl an Bräutigamen in spe und einen choreografierten Tanz mit der jungen Frau aufführen.

Viele Kulturen in den USA feiern den Übergang ins Erwachsensein, am bekanntesten ist wohl die *bar mitzvah* bzw. *bat mitzvah* (Bar/Bat Mitzwa) für Jungen bzw. Mädchen in jüdischen Familien, aber auch *Sweet-little-sixteen*-Feiern nur für Mädchen. Der Traum vom Prinzessinnendasein hält in den USA offenbar lange an: Auch Hochzeitsfeiern können schnell in Bombast und kilometerweise Tüll ausarten.

RAIL TRAILS

Wandern auf alten Eisenbahnstrecken

Was macht man mit stillgelegten Eisenbahnstrecken? Einfach so verrotten lassen? Das landesweite *Rails-to-Trails*-Programm bietet eine schönere Lösung.

Alte Eisenbahnstrecken werden durch das Entfernen der Schienen und das Aufbringen einer Asphaltschicht in Wege umgewandelt, auf denen man Rad fahren, skaten und wandern kann. Die auf den alten Eisenbahnstrecken entstandenen Rad- und Wanderwege verlaufen durch Felder, Wälder, Städte, über alte Eisenbahnbrücken und durch unbeleuchtete Tunnel wie den dreieinhalb Kilometer langen *Snoqualmie Tunnel* im Bundesstaat Washington.

Rail Trails liegen zumeist abseits der Straßen mitten in der Natur. Das erhöht die Lebensqualität der Menschen vor Ort und fördert den Tourismus. Die Schaffung von Arbeitsplätzen in kleinen Geschäften und Restaurants entlang der Strecken ist ein positiver Nebeneffekt.

Seit 1986 wurden 2.119 Rad- und Wanderwege mit einer Länge von mehr als 24.000 Meilen geschaffen. Mehr als 800 weitere Projekte sind in Arbeit. Der längste *Rail Trail* ist der Katy Trail in Missouri mit einer Länge von rund 240 Meilen auf einer ehemaligen Teilstrecke der Missouri-Kansas-Texas Railroad.

REDWOODS

Höher, älter, weiter

Wer glaubt, in den USA gäbe es nichts, was so richtig antik ist, sollte mal in den nordkalifornischen Wald gehen.

Redwood trees strotzen vor Rekorden. Ein Küstenmammutbaum (*coastal redwood,* Sequoia sempervirens) kann mehr als 100 Meter hoch und an seinem Sockel bis zu sieben Meter breit werden. Als Wolkenkratzer hätte der höchste Baum der Welt mehr als 30 Stockwerke. Seine Cousins, die Sequoias (Sequoiadendron giganteum), sind derweil mit bis zu 580 Tonnen die größten Bäume der Welt.

Selten sind beide Redwood-Arten. Sequoias findet man weltweit nur noch in den Bergen der Sierra Nevada, Küstenmammutbäume an der Pazifikküste in Oregon und Kalifornien – das aber schon seit rund 20 Millionen Jahren; ihre Verwandtschaft geht bis ins Jura, also in Dinosaurierzeiten zurück. Gleichzeitig haben diese Bäume Eigenschaften, die nach Science Fiction klingen: Ihre dicke Rinde ist ziemlich feuerfest, und wenn das auch nichts mehr hilft, können die Bäume sich selbst klonen.

In gesunden Redwood-Wäldern wachsen auch viele andere Bäume und Sträucher von Douglastannen bis Rhododendren, zum Teil sogar in luftiger Höhe *auf* den Redwoods; ihre verrottenden Pflanzenteile sorgen dort für Nahrung. Bei den Redwoods selbst kann es bis zum Ableben ganz schön dauern: Sie werden locker 600 Jahre alt, manchmal mehr als 2.000 – genug Zeit also, um sie gründlich zu erforschen. Der häufige Nebel an der Pazifikküste etwa hat sich als wichtiger Faktor für die Redwood-Wälder entpuppt, während Holzernte jeglicher Art sie bedroht; das hat sie während des Goldrausches fast ausgerottet. Und weil sie nicht in die Tiefe, sondern in die Breite wurzeln, werden ihnen auch Stürme und menschliches Getrampel gefährlich. Deshalb sollten Besucher in Redwood-Wäldern unbedingt auf den markierten Wegen bleiben.

Eins weiß trotz aller Forschung aber noch heute niemand: Warum die Redwoods eigentlich so riesig werden.

105

REENACTMENT

Lebendige Geschichte

Mit nachgestellten Schlachten feiern Amerikaner nicht nur Siege, sondern auch Niederlagen. Dabei kann man auch etwas über blinde Flecken im Geschichtsbewusstsein lernen.

»Warum wollen die den König retten?«, fragt ein Kind in den Zuschauerreihen.

Eben hat ein berittener Rotrock mit gezogenem Schwert *»God save the king«* gerufen. Er gehört zu einer Gruppe, die am *reenactment* der Schlacht von Long Island teilnimmt. Ehe die Briten dabei gegen eine zerlumpte Truppe amerikanischer Rebellen kämpfen, gibt es Vorführungen historischer Technik. So erfahren Zuschauer etwa, wie viele Soldaten eine Kanone bedienen und wie treffsicher Reiter mit dem Schwert umgehen. Später gibt es Tote, und die Amerikaner treten den Rückzug an. Historisch dauerte es noch Jahre, bis sie ihre Unabhängigkeit ausgefochten hatten.

Living historians erlebt man in den USA in Museumsdörfern wie Colonial Williamsburg oder Oconaluftee Indian Village, auf Wikingerbooten oder nachgestellten Pionierhochzeiten – und auf dem Schlachtfeld. Häufiger als Szenen aus dem Amerikanischen Unabhängigkeitskrieg (1775–83) sind solche aus dem Sezessionskrieg (1861–65).

Ihn entfachte der Streit über die Abschaffung der Sklaverei, an der die Südstaaten festhalten wollten. Auf der gegnerischen Seite, den Nordstaaten, kämpften Hunderttausende afroamerikanische Soldaten. Lange Zeit fehlten sie unter den Tausenden Teilnehmern beim jährlichen *reenactment* der Schlacht von Gettysburg, bei der die Nordstaaten den Südstaaten die entscheidende Niederlage einbrachten. Und das, obwohl die Teilnehmer sich mit historischer Korrektheit brüsten und das Schauspiel teils so ernst nehmen, dass bis auf die Unterhose jeder Nadelstich authentisch sein muss. Deshalb heuern Filmproduktionen gerne *reenactors* an; Historienfilme wiederum inspirieren zuweilen die *reenactments*. Nachdem *Glory* 1990 mehrere Oscars abgeräumt hatte, schlossen Sezessionskriegs-Reenactments deutlich mehr Afroamerikaner ein – der Film handelt von einer afroamerikanischen Truppe in diesem Krieg.

WEIR

RELIGIOUS FREEDOM
Was glaubst du denn?

Der Großteil der US-Bürger glaubt an Jesus, jeder 14. gehört einem nicht-christlichen Glauben an, gut ein Viertel hat mit Religion gar nichts am Hut – und jeder darf seiner Vision von Wahrheit und Glauben folgen.

Es liegt nahe zu glauben, dass die USA sich Religionsfreiheit als *First Amendment* in die Verfassung gemeißelt haben, weil ihre Bürger aus Erfahrung gelernt hatten. Schließlich segelten die Pilgerväter einst auf der Mayflower nach Amerika, um der religiösen Verfolgung zu entkommen. Aber die Neuankömmlinge aus Europa ließen den Menschen, die bereits seit Jahrtausenden in Amerika lebten, bis tief ins 20. Jahrhundert keine Chance, nach ihren Glaubensvorstellungen zu leben. Aus den ersten Kolonien verbannten sie zudem Quäker und Katholiken.

Heute ist das Tragen von Kruzifix, Turban, Pentagram, Kippa oder Burka ein Bürgerrecht, gleichzeitig erleben manche Nicht-Christen gesellschaftliche Diskriminierung bis hin zur tödlichen Gewalt. Inmitten solcher Widersprüche hält sich der Mythos vom *melting pot* (Schmelztiegel); den Frieden bewahrt unterdessen die Freiheit, einfach nebeneinander zu existieren.

Zu den religiösen Minderheiten in den USA gehören nicht nur jüdische Gemeinden (rund zwei Prozent der US-Bevölkerung) und die Anhänger des Islam, Buddhismus und Hinduismus (jeweils etwa ein Prozent) oder der mannigfaltigen Glaubensvorstellungen der amerikanischen Ureinwohner, sondern auch Gruppen wie die umstrittene Scientology oder die satirische Church of the Flying Spaghetti Monster. Und dann wäre da noch die wachsende Gruppe der sogenannten *nones*, die bei Umfragen in puncto Religionszugehörigkeit »keine« angeben.

Auch sie müssen damit leben, dass auf US-Münzen und Geldscheinen »*In God We Trust*« steht.

RESERVATION

Willkommen im Vielvölkerstaat

Bei einem Abstecher ins Besucherzentrum eines Reservats erleben Amerikaner eine andere Nation im eigenen Land.

Nach außen sind Reservate bekannt durch ihre Casinos oder *smoke shacks* mit günstigen Zigaretten – denn US-Steuern und viele andere Regeln greifen dort nicht. Die indigenen Stämme gelten in den USA als eigenständige Nationen; auf ganz unterschiedliche Weise verwalten sie sich selbst, haben eigene Gerichte, und ihre politische Spitze verhandelt mit der US-Regierung auf Augenhöhe – theoretisch jedenfalls. Denn Verträge zwischen der US-Regierung und den *Native Americans* haben sich oft als einseitig erwiesen.

Im Gegenzug für Land versprachen Staatsverträge den Ureinwohnern auf festgelegten Gebieten Schutz vor übergriffigen Siedlern. Doch bereits ab 1830 zwang die US-Regierung viele Völker mit Waffengewalt in ein Tausende Kilometer entferntes »Indianergebiet« und verkleinerte dann selbst diese für die *Native Americans* »re-

servierten« Flächen. Für das neue Leben in einem fremden Klima mit karger Vegetation versprach die US-Regierung Lebensmittelrationen, nutzte diese aber vor allem als Druckmittel. Zur Assimilationspolitik gehörte auch, Reservate aufzulösen und Kinder in Hunderte Kilometer entfernte Umerziehungslager zu stecken – bis zum Ende des 20. Jahrhunderts.

Die Folgen des historischen, kollektiven Traumas von Vertreibung und Betrug offenbaren sich auf Reservaten mit Depression, Selbstmord, Alkoholismus und bitterer Armut. Trotzdem entstehen dort nicht nur beeindruckende Kunst und Kunsthandwerk, sondern auch Geschäfte, deren Erlöse häufig zu einem Teil in die Infrastruktur, Bildung und Gesundheitsversorgung der Reservatsgemeinschaft fließen. Manche Reservate haben eigene Colleges und investieren in zukunftsträchtige Felder wie Hanfanbau und erneuerbare Energie.

Doch nur jeder Fünfte der mehr als fünf Millionen *Native Americans* wohnt auf einem Reservat; die meisten leben in Städten.

RESTROOMS
Mut zur Lücke

Toiletten in den USA sind generell gewöhnungsbedürftig – öffentliche Toiletten ganz besonders.

Gleich ein Sprachtipp vorweg: Im gewerblichen und öffentlichen Bereich werden Toiletten als *restrooms* bezeichnet und in privaten Wohnungen und Häusern als *bathrooms.* Mit dem Begriff *toilet* verbinden die Amerikaner das eigentliche Klobecken.

Bei Toiletten in den USA fällt generell die zum Spülen verbrauchte Wassermenge und das Fehlen einer Wasserspartaste auf. In den öffentlichen Toiletten mit Kabinen kann man weitere interessante Dinge feststellen: Zum Beispiel die oft recht breiten Spalten zwischen Tür und Rahmen, durch die man von drinnen leicht beobachten kann, wer da so an der Kabine vorbei geht – und umgekehrt, wer gerade seine Notdurft verrichtet.

Ebenfalls eigenartig: Im Sitz befindet sich vorne eine handbreite Lücke. Der sogenannte *open front seat* ist seit den 1950er-Jahren in vielen örtlichen Bauvorschriften verankert. Es gibt verschiedene Theorien für die Existenz der Lücke, unter anderem soll der Toilettensitz so hygienischer sein, weil er im Genitalbereich mehr Platz bietet. Böse Zungen behaupten allerdings, dass schlicht Materialkosten bei der Herstellung gespart werden sollen. Außerdem werden diese Klobrillen angeblich weniger oft gestohlen.

RIP CURRENTS

Gefährliche Brandung

Vier von fünf dramatischen Rettungsaktionen an den Stränden der USA gehen auf das Konto von *rip currents.* In dieser Meeresströmung wird Muskelkraft zur Todesfalle.

Es gibt sie an der Ost-, West- und Golfküste der USA, sogar an den Großen Seen: Wo Wellen brechen, muss man mit *rip currents* rechnen. Diese Brandungsrückströme verlaufen senkrecht vom Strand rasant ins Meer hinaus: Mit zweieinhalb bis drei Metern pro Sekunde schlagen sie sogar Olympiaschwimmer. Deshalb ist es sinnlos, gegen sie anzuschwimmen. Im Gegenteil: So ertrinken jedes Jahr rund hundert Menschen in den USA – aus Erschöpfung. Tausende weitere werden von mit Schwimmhilfen gerüsteten Rettungsschwimmern aus den Fluten gezogen.

Die meisten dieser Notlagen treten ausgerechnet bei schönstem Wetter auf; begünstigt von weit entfernten Stürmen, die große Wassermengen bis in die Brandungswellen drücken. Am Strand tut die Schwerkraft das Ihrige, und das Wasser

sucht sich den Rückweg des geringsten Widerstands – oft durch Lücken in einer dem Strand vorgelagerten Sandbank. Dieses Nadelöhr führt dann zur Sogwirkung, die Badende weit ins Meer hinauszieht. Am besten badet man deshalb nur an Stränden, an denen Rettungsschwimmer stationiert sind. Bei Gefahr sperren sie einen Strandabschnitt sogar fürs Wellenspringen in der Brandung.

Meteorologen können bei *Rip-current*-Gefahr warnen. Doch das Einzige, was wirklich gegen ihren Sog hilft, ist Wissen. In einer *rip current* sollte niemand versuchen, an den Strand zu kommen, sondern ihr parallel zum Strand entwischen und dann schräg in Richtung Ufer schwimmen. Wer Erschöpfung spürt, sollte sich hinaustreiben lassen und dann mit Schreien und Winken auf sich aufmerksam machen. Denn die gute Nachricht ist: *Rip currents* ziehen einen Menschen nicht unter Wasser, sondern nur weit aufs Meer hinaus. Genau das nutzen erfahrene Surfer zuweilen aus, um rasant hinter die Brandung zu paddeln.

110

ROADSIDE ATTRACTIONS

Kitsch für unterwegs

Im Auto merkt man in den USA bald, wie groß das Land ist – und wie lang sich ein *road trip* hinzieht. Doch am Straßenrand oder kurz hinter einer Abfahrt wartet Unterhaltung.

Nicht weit von der Autobahn können Fahrer und Passagiere sich in Kentucky zwischen überlebensgroßen T-Rex die Beine vertreten. In Wyoming steht eine Hütte, die 1932 aus in der Nähe gefundenen echten Dinosaurierknochen gebaut wurde. *Roadside attractions* überbieten sich auch mit kitschigen Superlativen: In New Mexico darf man zum Beispiel über die größte Pistazie staunen, in Idaho über den größten Beagle (in dem man sogar übernachten kann), in New York über die kleinste Kirche – nur ein Brautpaar samt Pastor passen hinein. Viele dieser Sehenswürdigkeiten sollen Touristen in kleine Orte oder Geschäfte locken, so manche voller überteuerter Souvenirs. Doch auch Künstler hinterlassen gigantische Visitenkarten. Andere Roadside Attractions dokumentieren, wie viel Raum die USA für verschrobene Ideen lassen: Ein tonnenschweres Bindfadenknäuel in Minnesota hat bereits Nachahmer in Missouri und Kansas gefunden, in Nebraska lockt ein Stonehenge aus Autos.

Das erste Massenauto, der Ford Model T, weckte in den 1920er-Jahren die Reiselust. Am Rande der Überlandstraßen eröffneten Restaurants, Motels und Geschäfte, und deren Besitzer merkten bald: Wir werden hier glatt übersehen! Also bauten sie riesige Plakate – und Attraktionen, als hätten sie das Zeitalter des Selfies vorhergesehen. Heute helfen Bücher und Apps dabei, alte und neue seltsame Sehenswürdigkeiten am Straßenrand zu finden.

Seit 1999 bringt die Künstlerin Erika Nelson das Ganze auf eine Metaebene: In der World's Largest Collection of Smallest Versions of Largest Things stellt sie in Kansas winzige Replika derjenigen *roadside attractions* aus, die anderswo den Titel auf Weltgröße beanspruchen.

ENTER

ROOFTOP BARS

Dem Alltag enthoben

Vor fast 140 Jahren erfand ein New Yorker das Vergnügen, über den Dächern der Stadt einen Drink zu genießen. Inspiriert hat ihn eine Europareise – und ein Platzproblem.

Die Aussicht auf einen Cocktail auf dem Dach zieht viele Menschen an, und das kann Nachteile mit sich bringen. Lärmpegel, Dresscodes, langes Anstehen, und die Preise scheinen jede Bodenhaftung verloren zu haben. Im Gegenzug gibt es meist eine tolle Aussicht und mit etwas Glück auch eine angenehme Brise. Letztere half bei der Entdeckung der »Dachbars«.

In den 1880ern staunte Rudolph Aronson auf einer Europareise über Konzert- und Theaterabende in luftigen Gartenanlagen. Das wollte der Impresario zu Hause in New York auch einführen, wo stickige Sommer das Broadwaygeschäft ruinierten. Aus Platzgründen verlegte er seinen Garten auf das Dach seines Theaters – mit Raum für Hunderte Gäste und komplett elektrisch

beleuchtet. In Windeseile zogen andere große Namen am Broadway nach und überboten sich mit Unterhaltung: Musiknummern und Vaudevilletheater, Akrobaten und lebende Tiere, Monte Carlo-Kulissen oder eine echte Windmühle mit Teich, alles auf dem Dach. Erst mit der Erfindung des Kinos verblasste der Trend – um in weniger programmorientierter Form die Welt zu erobern.

Heute ist die blaue Stunde in einer *rooftop bar* in den USA für die einen ein Feierabendritual, für die anderen ein Urlaubshöhepunkt im wahren Sinne des Wortes. Barbesitzer lassen sich dafür immer noch etwas einfallen, von Craft Beer aus dem hauseigenen Braukeller bis zu Kinoabenden in luftiger Höhe. Noch eine Schippe drauflegen wollte eine Geschäftsidee namens »Dinner in the Sky«: Essen an einem in 55 Metern Höhe schwebenden Tisch in Las Vegas. Doch das war wohl zu abgehoben; das Restaurant ist inzwischen geschlossen.

ROOT BEER

Reine Geschmacksfrage

Root Beer ist ein in den USA und Kanada beliebtes alkoholfreies Getränk, das oft mit dem deutschen Malzbier verglichen wird. Dieser Vergleich ist jedoch irreführend.

Malzbier wird aus Gerstenmalz, Hefe, Zucker und Kohlensäure hergestellt und schmeckt ganz anders als *root beer,* das ursprünglich aus den Wurzeln des Lorbeergewächses Sassafras hergestellt wurde. Ab 1960 durfte der krebserregende Sassafras-Extrakt jedoch nicht mehr verwendet werden. Seitdem wird der typische Geschmack künstlich erzeugt und oft durch andere Zutaten, wie zum Beispiel Vanille oder Muskat, ergänzt.

In den USA gibt es Hunderte Root-Beer-Marken, die alle nach verschiedenen Rezepten hergestellt werden. Die Bekannteste ist A&W, die es schon seit 1922 gibt. In den USA gibt es auch mehr als zweihundert A&W-Restaurants, die für ihre sogenannten *root beer floats* bekannt sind. Dabei handelt es sich um ein Glas *root beer,* in dem eine Kugel Vanille-Eis schwimmt. Eine andere beliebte Version ist mit Schokoladen-Eis und wird *chocolate cow* oder *brown cow* genannt.

A&W
OPEN

RV LIFESTYLE

Nomadenleben

Wohnmobile sind nicht nur zur Urlaubszeit in den USA unterwegs: Rund eine Million Menschen haben ihr festes Zuhause gegen ein Leben auf Achse getauscht.

Das riesige Wohnmobil mit Dusche, Kühlschrank und Solarzellen auf dem Dach hat den Erlös vom Eigenheim nur zu einem Bruchteil angefressen. Der Rest reicht für ein Rentnerleben, immer der Nase nach und dem schönen Wetter hinterher. Das ist der Traum. Doch die Finanzkrise von 2008 hat vielen US-Bürgern die Ersparnisse genommen, und die meisten Senioren, die im Wohnmobil leben, können dessen Namen nicht wörtlich nehmen. Die Abkürzung RV steht für *recreational vehicle* (Freizeitgefährt); die Senioren jedoch müssen hart arbeiten.

Weißhaarige Wanderarbeiter halten Campingplätze instand, ruinieren sich bei der Rüben- oder Weinernte den Rücken, stehen im Freizeitpark oder beim Autorennen in sengender Hitze. Im Herbst schuften sie in den Versandzentra-

len von Firmen wie Amazon, die fürs Vorweihnachtsgeschäft gezielt Wohnmobilbewohner anwerben – Stellplatz und Mindestlohn für Leute, die eigentlich den Ruhestand verdient haben. Im Januar reisen sie zu Hunderttausenden zum RV Festival nach Quartzsite (Arizona) und nutzen aus, dass *boondocking* (in der Wildnis stehen ohne Strom- oder Wasserversorgung) dort legal und günstig ist – bei angenehmem Klima und ganz in der Nähe zu Mexiko und damit günstigen Medikamenten, Brillen und Zahnersatz. Beim Festival tauschen sie Ersatzteile und treffen auf Jüngere, die mit selbstgemachtem Schmuck von der großen Freiheit träumen.

In den letzten Jahren propagieren Bücher und Videos den *»RV lifestyle«:* Junge Leute schwärmen vom minimalistischen Leben auf wenigen Quadratmetern. Ihre Kinder unterrichten sie selbst, nebenher arbeiten sie freiberuflich am Computer oder leben von Gelegenheitsjobs – und dem Glauben, dass sie damit jederzeit aufhören können.

114

SANTA CLAUS

Wer die Geschenke bringt

Der Weihnachtsmann hat in den USA ein Eigenleben entwickelt – und neulich tatsächlich das Fest gerettet.

Am Anfang stand der Nikolaustag. Deutsche Einwandererfamilien brachten Geschichten vom geschenkebringenden Heiligen nach Amerika mit, niederländische Kinder bestanden auf ihren *Sinterklaas*. Doch in Verbindung mit Weihnachten kam *Santa Claus* samt fliegendem Schlitten und Rentieren erst im 19. Jahrhundert durch eine Geschichte von Clement Clarke Moore, die heute unter dem Titel *The Night Before Christmas* bekannt ist – sie verbreitete sich wie ein Lauffeuer. Weil so viele Kinder Briefe mit ihren Wünschen an »Santa Claus, North Pole« schickten, startete die US-Post 1912 die Operation Santa: Jedes Jahr beantworten Postmitarbeiter und interessierte Bürger die Briefe handschriftlich, Wohlfahrtsorganisationen schicken sogar Geschenke.

Jahrzehntelang konnte der Weihnachtsmann streng oder lustig, dünn oder dick sein und sich in viele Farben kleiden. Erst die rotweiße Figur des Werbezeichners Haddon Sundblom prägte sein heutiges Aussehen: Per Weihnachtsverbindung in den Firmenfarben sollte er die Zuckerbrause von Coca-Cola von ihrem Sommer-Image lösen. Als ein Kaufhaus 1955 mit der vermeintlichen Telefonnummer des Weihnachtsmanns warb, klingelte es beim Amerikanischen Luftverteidigungskommando NORAD. Die Mitarbeiter wollten die Kinder nicht enttäuschen – und erfanden den *Santa Tracker*, der seine Flugroute verfolgt.

Zur Wende ins 21. Jahrhundert hat der Weihnachtsmann auch Erwachsenen ein Geschenk hinterlassen: Er rettete einen arbeitsfreien Tag. Weil die USA Kirche und Staat strikt trennen, sind christliche Feiertage eigentlich nicht möglich, und tatsächlich landete der 25. Dezember deshalb vor Gericht. Doch die Richterin sagte, auch Nicht-Christen würden an diesem Tag den Besuch von Santa Claus feiern; er gab Weihnachten den nötigen säkularen Zweck. Das Urteil fiel am Nikolaustag 1999. Später bestätigte es der Oberste Gerichtshof.

115

SCABBY

Haariger Arbeitskampf

Eine meterhohe, luftgefüllte Ratte signalisiert, was man nicht sieht: unfaire und gefährliche Arbeitsbedingungen. Manche Firmen zerren sie deshalb vor Gericht.

Hinter verschlossenen Türen lässt der Boss seine Leute schutzlos Asbest weghämmern, er verbietet Klopausen, schummelt bei der Überstundenabrechnung oder umgeht Tarife, indem er ein Projekt an eine Firma voller Nicht-Gewerkschaftsmitglieder vergibt. Gegen solch unterschiedliche Affronts protestieren die *unions,* die Gewerkschaften. Oft stellen sie dem jeweiligen Unternehmen eine Ratte vor die Tür, die sie »Scabby« nennen – »fies« bedeutet das, aber auch »schorfig«. Die 1990 erfundene Scabby kommt auch bei Streiks zum Einsatz; jene sind mit der Zeit allerdings eine Seltenheit geworden. Waren es im Jahr 1952 noch 470, zählte die Regierung 2017 nur sieben große Streiks; seit 2018 nehmen sie wieder zu. Doch nur etwa zehn Prozent der arbeitenden Bevölkerung gehören einer Gewerkschaft an.

Es wirkt so, als mache ihr Unternehmergeist die Amerikaner automatisch zu Arbeitgebersympathisanten, als stünde ihr Hang zum Individualismus dem Sinn für Gemeinwohl im Weg. Aber das täuscht. So manche Arbeiter und Angestellte kämpfen nicht aus Freiheitsdrang ganz allein für ein besseres Leben, sondern aus Angst. Immer wieder verhindern Firmen mit Anti-Gewerkschaftspropaganda, Überwachung, Einschüchterung oder gar Nötigung, dass sich Mitarbeiter zusammentun. Seit Jahrzehnten untergraben Konzerne und (vor allem konservative) Politiker die Schlagkraft der Gewerkschaften. Manche Gesetze bevorteilen die Unternehmen gegenüber Arbeitnehmern; manche Gewerkschaften hat die Mafia unterwandert. Trotzdem haben die Gewerkschaften in manchen Bundesstaaten Verbesserungen von Mindestlohn bis Elternzeit auf den Weg gebracht. Kein Wunder, dass auch Scabby ins Visier gerät: Die Ratte landet immer wieder vor Gericht. Bislang haben die Richter das Protestsymbol jedoch im Bereich der freien Meinungsäußerung verortet.

IF YOU ARE WORKING FOR ALBA
CONTRACTING OR HAVE IN THE PAST,
YOU MIGHT BE ENTITLED TO BACK PAY!
Shame on You
Alba Services Inc.!!
Shame on You
Alba Services Inc.!!

116

SHABBAT

Samstags geschlossen

»Am siebten Tag sollst du ruhen.« So steht es im 2. Buch Moses in der Bibel, und so halten es nicht nur jüdische Gemeinden in den USA.

Der US-Kalender beginnt die Woche mit dem Sonntag und zählt den Samstag als siebten Tag. Da ruhen einige christliche Freikirchen wie die Siebente-Tag-Adventisten, vor allem aber ist dann für gläubige Juden *shabbat* (das hebräische Wort für »Ruhe«, zu Deutsch: Sabbat). Jüdische Geschäfte sind an diesem Tag geschlossen. Orthodoxe und ultraorthodoxe Gemeinden befolgen zudem 39 Regeln, die das allgemein gehaltene Arbeitsverbot interpretieren. Unter anderem gehört dazu das Verbot, Feuer zu machen – das bereits um 1900 auch Elektrizität einschloss. So findet man zum Beispiel in manchen US-Hochhäusern Paternoster, die man ohne Knöpfchendrücken benutzen kann.

Kurz vor Sonnenuntergang am Freitag zünden gläubige Juden Kerzen an, dann beginnt der Sabbat mit einem Segen und einem von Gesang begleiteten Festmahl. Am Samstagmorgen geht es festlich herausgeputzt in die Synagoge, wo die Tora in einer feierlichen Prozession vom Toraschrein zum Lesepult getragen wird. Nachmittags machen viele Familien einen Spaziergang.

Das Konzept eines Wochentags, der der Einkehr und Ruhe dient, überzeugt nicht nur Glaubensgemeinschaften. In letzter Zeit halten manche Amerikaner einen *tech sabbath:* Sie schalten Freitagabends ihre Handys, Computer und Fernseher ab und holen sie frühestens am späten Samstagabend wieder hervor; manche begehen diese Auszeit auch mit einem Festmahl unter Gleichgesinnten.

Der Sabbat hat schließlich schon früher dabei geholfen, den Alltag zu verbessern. 1908 gab eine Fabrik in Neuengland als erster US-Arbeitgeber seiner Belegschaft den Samstag und Sonntag frei, damit der jüdische Teil der Belegschaft nicht am Sonntag zum Nacharbeiten erschien. Damit war der Anfang gemacht, um die Fünf-Tage-Arbeitswoche landesweit durchzudrücken – und das Wochenende zum Wochenende zu machen.

117

SHARK WEEK

Fisch dir deine Fakten

Die am längsten laufende Fernsehsendung der USA ist weder eine Sitcom noch eine Actionserie, sondern eine Reihe mit Filmen über Haie. Doch nicht alle dieser vermeintlichen Naturdokus sind wahr.

Jeden Sommer wimmelt es in den USA vor Haien: Sie tummeln sich auf T-Shirts und Krawatten, im Kochblog, Online-Quiz und in der Punsch-Schüssel. Alles nur, weil der Discovery Channel seit 1988 die *Shark Week* ausstrahlt. Im Ursprungsland von *Der weiße Hai* (OT: *Jaws*) sollte dieses Programm Missverständnisse über Haie ausräumen und den Schutz der Fische fördern. Doch mit den Jahren zog es fast mit der Übertragung der Oscar-Verleihung oder des Super Bowl gleich: Die *Shark Week* ist ein Spektakel geworden.

Meeresbiologen filmen die Jagd-Akrobatik von Haien in Südafrika mit Hilfe einer von einer Drohne gezogenen Seehund-Attrappe; in den Bahamas testet YouTuber Mark Rober, ob Haie menschliches Blut meilenweit riechen können. Immer wieder im Fokus stehen Überlebende von Haiangriffen und Beinahe-Unglücke beim Dreh. Haiforscher beklagen, dass die Sendereihe ein Geschäft mit der Angst betreibt, Fakten mit Fantasie vermischt und Wissenschaftler irreführt, um sie in reißerische Programme zu schneiden. *Megalodon: The Monster Shark Lives* etwa gibt sich als Doku über Angriffe eines prähistorischen Riesenhais; jener ist in Wahrheit aber längst ausgestorben. Der Film wurde zu einem der meistgesehenen Beiträge der *Shark Week* – gerade wegen der Kritik. Bei einem massiv beworbenen Wettschwimmen zwischen Olympiasieger Michael Phelps und einem Weißen Hai musste der Sender zugeben, dass das Tier eine Computersimulation war.

Der Hype um die *Shark Week* nutzt den Tieren dennoch: Umwelt- und Naturschutzorganisationen sammeln in dieser Woche viel Geld für deren Erforschung und Schutz ein. Die Sendereihe mag sogar zumindest zum Teil einen Gesetzesentwurf gegen den Besitz und Verkauf von Haifischflossen inspiriert haben. Die Praxis selbst ist in den USA seit 2002 verboten.

SIRENS

Bitte nicht heulen!

Selbst Fachleute nennen es *wail* (Heulen) und *yelp* (Jaulen): Die gängigsten Klangmuster der US-Einsatzfahrzeuge sind wahrlich zum Wehklagen.

Studien belegen, dass US-Sirenen am besten auffallen, besonders in Situationen mit Hintergrundgeräuschen – vom Verkehrslärm bis zum Handygespräch im Auto. Und aufs Auffallen kommt es ja an, wenn Nothelfer zum Einsatzort düsen; schließlich soll die laute Warnung Unfällen vorbeugen. Einsatzkräfte regulieren den Sirenenklang von Hand, und dabei haben sich Muster gebildet: Viele Amerikaner können am Klang erkennen, ob Feuerwehr-, Polizei- oder Krankenwagen im Anmarsch sind.

Das langgezogene, ansteigende Heulen und das kurze, wiederholte Aufjaulen hört man aus größerer Entfernung als das in Europa verbreitete Tatütata, das im amerikanischen Fachjargon *hi-lo* oder *2-tone* heißt. Das hat dazu geführt, dass einige Regionen in Europa die US-Heuler zumindest versuchsweise eingeführt haben. In manchen US-Städten wiederum machen Politiker sich für die angeblich für Anwohner angenehmeren Tatütatas stark.

Lauter als anderswo sind die Sirenen in den USA nicht; dennoch nerven sie besonders in Großstädten wie Los Angeles und New York die Bevölkerung. Das liegt unter anderem daran, dass sich die Einsatzfahrzeuge dort so oft durch einen Stau kämpfen. Dabei sind Sirenen für die Nothelfer die einzig wirksame Methode, die Autos vor sich zum Beiseitefahren zu bewegen und dadurch voranzukommen. Da ist die Melodie dann auch egal: Das belastet die Ohren.

Deshalb kam schon in den 1970er-Jahren eine Studie des US-Verkehrsministeriums zu dem Schluss, Sirenen könnten einfach nicht effektiv sein, ohne gleichzeitig ein Lärmproblem zu schaffen. Verbesserungen bei Warngeräten für Notfahrzeuge sollten sich deshalb auf nicht-auditive Methoden konzentrieren. Eindeutige Ergebnisse hat das bis heute nicht hervorgebracht. Je nach Bundesstaat sieht man unterschiedliche Lichterfarben und Blinkrhythmen die Sirenen begleiten.

Taxi
Stan
1849

119

SKYSCRAPERS

Hoch hinaus

Obwohl heute vor allem New York mit Wolkenkratzern in Verbindung gebracht wird, ging der Bau gen Himmel in Chicago los.

Stahlbauweise, Fahrstuhl und elektrisches Licht: Technologische Neuerungen ermöglichten es zum Ende des 19. Jahrhunderts, wesentlich höhere Gebäude zu bauen als bisher. Aber auch hinsichtlich der Fundamente und des Brandschutzes, der Beheizung, Belüftung und Sanitäranlagen waren neue Lösungen notwendig.

Mit zehn Stockwerken war das Home Insurance Building in Chicago 1885 das erste seiner Art. Ab 1888 wurden derartige Gebäude *skyscrapers* genannt und bis 1893 zwölf Hochhäuser mit sechzehn bis zwanzig Stockwerken in Chicago gebaut. Der Masonic Temple mit einer Höhe von 92 Metern war der prominenteste Wolkenkratzer. New York hatte zu diesem Zeitpunkt lediglich vier vergleichbare Bauwerke.

1892 untersagte die Stadt Chicago allerdings den Bau von Gebäuden, die höher als 46 Meter waren, da es in der Stadt zu viel leerstehenden Büroraum gab, und überließ damit New York die weitere Entwicklung der frühen Wolkenkratzer. Dort errichteten ab 1895 vor allem Zeitungsverlage eine ganze Reihe von Hochhäusern.

Heute hat New York 280 Gebäude, die mehr als 150 Meter in den Himmel ragen, Chicago hat 125 – weitere sind in beiden Städten bereits im Bau.

SOUL FOOD

Die verschwiegene Esskultur

Oft werden Gerichte wie *fried chicken, ribs, grits, okra* und *collard greens* pauschal dem amerikanischen Süden zugeschlagen. Doch ihre Wurzeln liegen in einem der bittersten Teile der amerikanischen Geschichte.

Der Begriff *soul food* kam ebenso wie *soul music* auf, als Afroamerikaner im Zuge der Bürgerrechtsbewegung ihre kulturelle Identität definierten. Der Ursprung dieser Küche liegt in den Bundesstaaten Georgia, Mississippi und Alabama, auch bekannt als *Deep South, cotton belt* (Baumwollgürtel) oder *black belt.* Dorthin wurden aus Ländern wie Ghana, Senegal, Benin oder Guinea entführte Menschen gebracht; auf Plantagen bekamen sie karge Essensrationen aus Stärke und Fleischabfällen. Davon künden heute noch Zutaten wie Schweinefüße, Hühnerleber und Kutteln.

Schärfe – etwa eine Sauce aus Chili und Essig – machte das minderwertige Fleisch genießbar. Um zu überleben, gingen viele nach den langen Sklavenarbeitsschichten nachts Wildpflanzen pflücken, fischen, jagen oder beackerten Gemüsebeete. Beim Kochen verbanden sie kulinarische Einflüsse aus verschiedenen afrikanischen Ländern mit denen amerikanischer Ureinwohner und den europäisch geprägten Gepflogenheiten in den Sklaventreiberhäusern.

Das Repertoire entwickelte sich nach der Abschaffung der Sklaverei weiter. Als sechs Millionen Afroamerikaner mit der *Great Migration* in den Norden gingen, wandelte sich ihre Küche wie bei den freiwilligen Einwanderergruppen: Ehemalige Festessen wurden zu den beliebtesten Alltagsgerichten – vom scharfen Brathähnchen bis zum *peach cobbler* (Pfirsichauflauf). Heute schrauben manche *soul food restaurants* am Fett- und Salzgehalt, der einmal überlebenswichtig war. Doch noch immer tunkt man mit *cornbread* begeistert die letzten Reste des *potlikker* auf, dem Saft aus dem langsam gesimmerten Eintopf namens *greens.* Er besteht aus Gemüse – heute meist Blattkohl – und ein paar Stückchen gepökelter oder geräucherter Schweinehaxe.

SPANISH

Die USA werden zweisprachig

Spanisch war die erste europäische Sprache, die auf dem heutigen Territorium der USA gesprochen wurde, und Spanier haben dort 1565 auch die erste Stadt gegründet: St. Augustine in Florida.

Hispanics, also Menschen, deren Muttersprache Spanisch ist, sind heute die größte ethnische Minderheit in der US-Bevölkerung. Derzeit leben geschätzte 59 Millionen Hispanics in den USA, das sind rund 18 Prozent der Gesamtbevölkerung. Die Bundesstaaten, in denen sie den größten Anteil an der Bevölkerung bilden, sind New Mexico (48 %), Texas (39 %) und Kalifornien (39 %). Diese Staaten sind damit praktisch zweisprachig. Aber auch anderswo ist Spanisch im Alltag sehr oft zu hören.

Schon jetzt sind Formulare zunehmend zweisprachig, und wenn man bei einer Bank anruft oder Geld am Automaten abhebt, hat man meistens die Wahl zwischen Englisch und Spanisch. Die Zahl der Zeitschriften, Radio- und Fernsehsender in spanischer Sprache nimmt ebenfalls stark zu.

Die Beschriftung der Regale in Bau- und Gartenmärkten ist ebenfalls oft in beiden Sprachen, was sicher auch damit zu tun hat, dass viele Hispanics als Bauarbeiter und Handwerker arbeiten. So sind nach Angaben des Center for Construction Research and Training mehr als ein Drittel aller Bauarbeiter in den USA Hispanics.

Prognosen sagen voraus, dass im Jahr 2050 mehr als 106 Millionen Hispanics in den USA leben werden, also etwa ein Viertel der Bevölkerung.

In den USA werden die Begriffe »Hispanic« und »Latino« oft als Synonyme verwendet, und obwohl es Überschneidungen gibt (Mexikaner zum Beispiel sind beides), bezieht sich **Hispanic** eigentlich auf Spanisch sprechende Menschen jeglicher Herkunft und **Latino** auf alle, die aus Lateinamerika stammen, wo viele Menschen statt Spanisch auch Portugiesisch oder eine indigene Sprache sprechen.

pressively High Quality at Impossibly Low Prices
Impresionantemente Alta Calidad Precios Increíblemente Bajos
BISCUITS
DELI MEAT

START-UPS

Goldgräber des 21. Jahrhunderts

Geht das auch zehn Nummern größer? Diese Grundfrage unterscheidet ein *start-up* von einer frisch gegründeten Metzgerei.

Aus gutem Grund ist das kalifornische Silicon Valley zum Synonym für Firmen wie Uber, eBay und Tesla geworden: Schon die ersten Europäer, die nach Kalifornien kamen, waren Abenteurer. Sie riskierten Kopf und Kragen, um als Goldgräber reich zu werden. Heute kursieren dort zwar Schlagworte wie »*community*« und »*sharing economy*«, doch die Köpfe hinter den Start-ups haben nicht das Gemeinwohl im Sinn, sondern Gewinn; sie sehen ihr Land als pyramidenförmige Gesellschaft, an deren Spitze sie streben.

Die meisten Start-up-Besitzer wollen ihre Firma nach wenigen Jahren teuer verkaufen, also muss die Geschäftsidee schnell im großen Stil funktionieren. Viele setzen dabei auf den Technologie- und Internetbereich, manche auf *disruption* – sie verändern ganze Geschäftszweige wie etwa Airbnb im Tourismus und Netflix in der Film- und TV-Landschaft. Das geht meist mit einem ebenso großen Selbstbewusstsein wie Risiko einher: Wirtschaftsstudien zufolge scheitert ein Großteil der Start-ups. Sie finden zu wenige Kunden, es fehlt Geld oder Personal, die Konkurrenz ist zu stark. Doch in den USA gilt ein Misserfolg nicht als Ende der Welt, sondern als Lernerfahrung.

Und es kann ja auch gutgehen. Darauf setzen scharenweise Risikokapitalgeber, die Millionen in Start-ups stecken. Schließlich gehen die wertvollsten Marken der Welt auf diese Art Firmengründung zurück: Amazon, Apple, Google und Microsoft führen die Liste heute mit dreistelligen Milliardenwerten an. Solche Vorbilder ziehen weitere Gründer an; allein im Silicon Valley gibt es Tausende Start-ups. Den passenden Rahmen schafft ein Umfeld mit einer auf Innovation ausgerichteten Uni, vielen Investoren, Gemeinschaftsbüros sowie mit der Gründerszene vertrauten Mentoren, Buchhaltern und Anwälten. So entstanden Start-up-Mekkas auch in New York, Boston, Chicago, Seattle und Los Angeles.

TATA INNOVATION CENTER

STATE PARKS

Die kleinen Geschwister der National Parks

Da es in 22 Bundesstaaten keine *National Parks* gibt, übernehmen die *State Parks*, die man dagegen in allen Staaten finden kann, wichtige Rollen im Naturschutz und für den Tourismus.

In den USA gibt es mehr als 7.800 *State Parks* und viele stehen den *National Parks* in Schönheit nicht nach: Zum Beispiel ziehen im Frühjahr unzählige Mohnblüten die Besucher ins Antelope Valley California Poppy Reserve, der Hocking Hills State Park in Ohio lockt Wanderer mit spektakulären Höhlen und Wasserfällen, und im Custer State Park in South Dakota kann man Büffelherden aus nächster Nähe erleben.

Die *State Parks* sind in der Regel kleiner als die *National Parks*, ihre Wanderwege summieren sich aber trotzdem auf rund 40.000 Meilen. Besucht werden die *State Parks* überwiegend von Menschen aus der Region, die einen Tagesausflug machen oder übers Wochenende auf einem der Campingplätze bleiben, die oft Bestandteil eines *State Parks* sind.

Man kann aber auch auf Urlauber treffen, die längere Zeit mit dem Zelt oder Wohnmobil unterwegs sind. An Wochentagen geht es in vielen *State Parks* recht beschaulich zu, aber auch am Wochenende sind sie selten überlaufen.

124

STREETART

Die Stadt als Leinwand

Sie spricht das Hier und Jetzt an, beansprucht den öffentlichen Raum für alle und gibt auch talentierten Amateuren die Chance auf ein großes Publikum. Dennoch sorgt Streetart in ihrem Ursprungsland für Diskussionen.

In Cincinnati (Ohio) zeigt Streetart örtliche Berühmtheiten. Reno verdankt seinen Ruf als Streetart-Geheimtipp dem verrückten Burning Man-Festival in der Wüste von Nevada: Dessen Besucher ließen manche ihrer Skulpturen auf dem Rückweg in Reno, und ein so entstandener Kunstpark machte Streetartists auf den Ort aufmerksam. In New York, Philadelphia, San Francisco, Atlanta und Detroit zieht ein Mix aus internationaler Streetart und Lokalinitiativen scharenweise Besucher an.

Unterdessen verschwimmen die Grenzen zwischen Protest und Propaganda, Kunst und Kommerz. Zur Regierungskritik über mehrere Stockwerke gesellt sich in US-Großstädten Werbung im Streetart-Stil. Während Künstler sich gegenseitig zu immer beeindruckenderen, gesellschaftlich relevanten Werken anspornen, beauftragen Immobilienfirmen Streetart aus Geschäftsinteresse: Sie soll heruntergekommene Gegenden verschönern, damit Neubauten Interessenten findet. Shepard Fairey und Kaws scheffeln auf dem Kunstmarkt Millionen, doch selbst die Museumsreife bewahrt Streetart nicht vor Gegnern.

Als die Ausstellung *Art in the Streets* 2011 von Los Angeles nach Brooklyn wandern sollte, verhinderte ein Lokalpolitiker dies mit dem Hinweis, Steuergelder sollten nicht für einen Aufruf zur Sachbeschädigung benutzt werden. Dieses Argument stammt aus den 1960er-Jahren, als Graffiti durch bunt besprühte U-Bahn-Züge in New York bekannt wurde. Zuerst aufgekommen war diese auf Schrift basierende Kunstform in Philadelphia. Das dortige Kulturbüro hat seit 1984 ein Programm, das Künstler und Wände zusammenbringt und Besucher zu den Werken lotst. New York dagegen hat heute noch eine Extraabteilung bei der Polizei, die Sprayer und Konsorten jagt – es sei denn, sie arbeiten im kommerziellen Auftrag.

NEW WAVE CREW
CHASE

STREET CARS

Comeback für Straßenbahnen

Nach Jahrzehnten der Flaute entdecken die Amerikaner ein altes Verkehrsmittel wieder.

1895 gab es in den USA fast 900 Straßenbahnunternehmen mit einer Gesamtstreckenlänge von beinahe 18.000 km, und zeitweise existierten sogar drei Technologien nebeneinander: Pferdebahnen, Kabelbahnen und elektrische Straßenbahnen.

Pferdebahnen lösten schon in der ersten Hälfte des 19. Jahrhunderts Pferdeomnibusse ab, nachdem man entdeckte, dass sich auf Schienen wesentlich mehr Leute transportieren ließen. Gut 50 Jahre lang dominierte die Pferdebahn, bis letztlich die elektrische Straßenbahn den Personennahverkehr komplett übernahm. Dazwischen gab es allerdings noch eine Übergangstechnologie: die Kabelbahn.

Wenn man heute das Wort Kabelbahn hört, denkt man sofort an San Francisco, den einzigen Ort in den USA, wo derzeit noch Straßenbahnen verkehren, die durch ein Umlaufseil angetrieben werden. Kaum bekannt ist, dass es Ende des 19. Jahrhunderts in 29 amerikanischen Städten Kabelbahnen gab, von denen Chicago mit 66 km das zweitlängste Streckennetz hatte. San Francisco hatte damals rund 80 km, heute sind es nur noch 8 km.

Die erste elektrische Straßenbahnlinie gab es 1884 in Cleveland, in den folgenden zwei Jahrzehnten wurden fast alle Straßenbahnen auf Elektrizität umgestellt. Der zunehmende Auto- und Busverkehr läutete jedoch den Niedergang der Straßenbahn in den USA ein: Zwischen 1938 und 1950 kauften zwei Busunternehmen, hinter denen General Motors, Firestone und Standard Oil standen, viele Straßenbahnen auf und ersetzten sie durch Busse.

Von den ursprünglich fast 900 Straßenbahnbetrieben existieren heute nur noch sieben. Seit 2000 geht es allerdings wieder aufwärts: in 23 Städten nahmen neue Straßenbahnen den Betrieb auf, weltweit die höchste Zahl für diesen Zeitraum. Amerikanische Stadtplaner haben nämlich erkannt, dass sich so die Innenstädte und die Nachbarschaften entlang der Straßenbahnlinien wiederbeleben lassen. Besonders Touristen finden die Straßenbahnen »cool«. Und sind sie wesentlich billiger als U-Bahnen zu bauen oder auszubauen und zu betreiben.

QLINE
DETROIT
GRAND
290
SHOP
QLINE
DETROIT
M-1RAIL

STRIP MALLS
Freistehende Ladenzeilen

***Strip malls* waren in der zweiten Hälfte des 20. Jahrhunderts eine der Hauptsäulen des amerikanischen Einzelhandels. Doch nun sind schwere Zeiten für sie angebrochen.**

Fährt man aus dem Zentrum amerikanischer Städte heraus, reihen sich schon bald einstöckige Ladengebäude entlang der Straße. Vor diesen Bauwerken, die oft keine architektonischen Meisterleistungen sind und zumeist in den 1960er- und 1970er-Jahren gebaut wurden, gibt es Parkplätze, die von der Hauptstraße durch einen Fußweg oder einen Grünstreifen getrennt sind. Das problemlose Parken unmittelbar vor dem Geschäft machte die *strip malls* lange Jahre zu einem Erfolg. Auch waren sie wesentlich preiswerter zu bauen als *shopping malls,* die sehr viel Platz benötigen und daher eher an den Stadträndern errichtet wurden. Diese beherbergen hauptsächlich Filialen bekannter Ketten.

Die Mischung der Geschäfte in *strip malls* ist dagegen oft bunt und die Besitzer sind meistens selbst anzutreffen. Da kann man einen Fischladen neben einem Fitness-Studio und einem Diner finden, einen Waschsalon neben einem Laden für Haustierbedarf. Nicht zu vergessen: ein Spezialgeschäft für Alkoholisches, allgemein *liquor store* genannt. Zunehmend sieht man allerdings auch leerstehende Verkaufsräume, denn viele Geschäfte können mit der Online-Konkurrenz nicht mithalten und schließen. Deshalb überleben in erster Linie Geschäfte, die etwas anbieten, das sich kaum im Internet erledigen lässt. Videotheken, Buchläden, Elektronikgeschäfte und Reisebüros haben durch ihr Verschwinden aber dauerhafte Lücken hinterlassen, und so manche *strip mall* wird abgerissen, weil sie nicht mehr genug Mieter findet.

SUNDAE

Der Amerikaner unter den Eisbechern

Obwohl in den USA pro Kopf beinahe dreimal so viel Speiseeis wie in Deutschland gegessen wird, gibt es eine viel geringere Vielfalt an Eisbechern. Viele Eisdielen bieten nur den *sundae* und den *banana split* an, die beide in Amerika erfunden wurden.

Mindestens vier Städte in den USA reklamieren, der Geburtsort des *sundae* zu sein, der in seiner klassischen Form ein recht schlichter Eisbecher ist: ein oder zwei Kugeln Vanilleeis mit Schokoladen- oder Erdbeersauce, Schlagsahne und einer Cocktailkirsche, serviert in einem kelchförmigen Glas.

Eine Legende besagt, dass der Drogist Charles Sonntag in Plainfield (Illinois) um 1893 diese Leckerei erfand und nach sich selbst benannte. Aber auch Two Rivers (Wisconsin), Evanston (Illinois) und Ithaca (New York) haben einleuchtende Entstehungsgeschichten dieses Eisbechers, der an allen drei Orten zuerst sonntags verkauft wurde. Wie es zu der Schreibung *sundae* gekommen ist, weiß allerdings niemand.

Der *banana split,* der in Deutschland als Bananensplit bekannt ist, wurde wahrscheinlich 1904 von einem Apotheker in Latrobe (Pennsylvania) entwickelt und war im Prinzip ein Luxus-*Sundae* mit einer geteilten *(split)* Banane.

Aber auch hier gibt es Streit, denn die Stadt Wilmington (Ohio) besteht darauf, dass ein örtlicher Restaurantbesitzer den *banana split* im Jahr 1907 erfunden hat. Die Siegeszug wird aber allgemein der Drogeriekette Walgreens zugeschrieben, die diese Speise in ihren Anfangsjahren in Chicago anzubieten begann.

SURVEILLANCE
Ausspioniert

Körper-Scanner am Flughafen, Nummernschilderkennung an Mautstationen, Drohnen bei Demos: In den USA überwacht fast immer irgendwer, wo du bist und was du tust.

Von 9/11 bis zu den Anschlägen in Paris 2015: Immer wieder waren Terrorangriffe ein Anlass, Massenüberwachung in den USA politisch zu begründen. Heute sind Kameras allgegenwärtig, von öffentlichen Plätzen bis zu den Hemdkragen der Polizei. Doch die Wirksamkeit der Rundumkontrolle ist im Land umstritten – besonders seit den Enthüllungen Edward Snowdens darüber, in welchem Ausmaß die Regierung harmlose Bürger abhört. Gleichzeitig holen viele von ihnen sich Überwachungstechnologie freiwillig ins Haus, zum Beispiel um vermeintlich faule Babysitter zu ertappen.

Dabei stemmte sich die Öffentlichkeit zunächst gegen die geballte Erfassung persönlicher Informationen. Die Empörung war groß, als die US-Regierung in den 1960er-Jahren plante, Verwaltungsdokumente von Steuererklärungen bis Fingerabdrücke in einem Datencenter zusammenzuführen. Kurz darauf beschränkte der *Privacy Act* von 1974 die Möglichkeiten der Behörden, persönliche Daten zu teilen.

Heute beziehen sich bundesweit geltende Vorschriften zur Privatsphäre auf drei klar umrissene Bereiche: auf gesundheitsbezogene Daten, auf Internetangebote für Kinder unter 13 Jahren und auf ein Detail bei Finanzdaten, das Bürger vor Identitätsdiebstahl schützen soll. Darüber hinaus dominiert in den USA die Idee, dass Firmen, die mit persönlichen Informationen Schindluder treiben, sich selbst erledigen – weil ihnen die Kundschaft wegläuft und Konkurrenten mit besserem Datenschutz sich gegen sie durchsetzen. Bei einem Fehlverhalten setzt sich entsprechend keine Behörde in Bewegung, sondern Privatleute und Firmen streiten sich vor Gericht. Erst Skandale bei Firmen wie Facebook und Amazon haben in letzter Zeit die Forderung nach politischen Regelungen wiederbelebt.

reality TV
HERE

TAILGATING

Grillparty auf dem Parkplatz

Schon Stunden vor jedem College-Football-Spiel treffen sich Freunde und Bekannte in Gruppen auf dem Parkplatz und feiern.

Ein *tailgate* ist die Ladeflächenklappe beim *pickup truck*, auf der sich praktischerweise Bier oder Gegrilltes abstellen lässt und um die man in der Regel herumsteht; daher der Begriff »*tailgating*«. Da wird selbst an kalten Tagen hinter dem Auto gegrillt, Bier getrunken und ein Football hin und her geworfen. Trotz des reichlichen Alkoholgenusses und der Rivalität zwischen den Universitäten läuft alles friedlich ab. Die Fans beider Teams feiern Seite an Seite und necken sich höchstens ein wenig. Manche Spiele haben bis zu 100.000 Zuschauer, die fast alle mit dem Auto kommen. Dementsprechend groß sind die Parkplätze. Auch nahegelegene Golfplätze, Grünanlagen und Schulgelände werden genutzt. Nahe am Stadion kostet das Parken dann schon mal 40 Dollar. Das ist natürlich eine nette Einnahmequelle für die Besitzer der Gelände. Auch Kirchen und Privatpersonen lassen Fahrzeuge auf ihren Grundstücken parken und verdienen so einige Dollar hinzu.

Die Absolventen der amerikanischen Universitäten zeigen oft eine lebenslange Verbundenheit mit ihrer Alma Mater. Für viele bedeutet das neben regelmäßigen Geldspenden auch den Besuch der Football-Spiele, Aufkleber mit dem Universitätslogo am Fahrzeug und Freizeitbekleidung in den Farben der Uni.

TAXATION WITHOUT REPRESENTATION

Eingeschränktes Wahlrecht in Washington, D.C.

Die Nummernschilder der in Washington, D.C. registrierten Autos weisen durch den Slogan *»Taxation without Representation«* darauf hin, dass die Einwohner der Hauptstadt zwar wie alle anderen Amerikaner Steuern an den Bund zahlen müssen, jedoch parlamentarisch so gut wie gar nicht mitbestimmen dürfen.

Wie ist das möglich? Alle 50 Bundesstaaten der USA haben Abgeordnete in beiden Häusern des Kongress, dem Abgeordnetenhaus und dem Senat. Da das District of Columbia (D.C.) jedoch weder ein Staat noch Teil eines Bundesstaates ist, dürfen sich die ca. 600.000 Einwohner nicht an den diesbezüglichen Wahlen beteiligen und sind im *House of Representatives* nur durch einen Delegierten ohne Stimmrecht und im Senat überhaupt nicht vertreten.

Da alle Lokalwahlen in der Hauptstadt klar von den Demokraten gewonnen werden, sprechen sich diese natürlich dafür aus, dass die Hauptstadt im Kongress besser vertreten wird, während die Republikaner aus den gleichen Gründen dagegen sind. Bestrebungen, Washington, D.C. entweder zu einem Bundesstaat zu machen oder in Maryland einzugliedern, waren daher bisher erfolglos.

Durch einen Zusatz in der Verfassung können sich die Hauptstädter seit 1961 zumindest an der Wahl des Präsidenten beteiligen.

THANKSGIVING

Friede, Freude, Truthahnbraten

Das wichtigste Familienfest des Jahres fußt auf einem Ammenmärchen.

An keinem Tag im Jahr essen US-Bürger mehr als am vierten Donnerstag im November. Dass ein überbordendes *Thanksgiving*-Mahl einem Lifestyle-Magazin entsprungen sein könnte, kommt nicht von ungefähr. Dekorationsideen und Rezepte wie Truthahnbraten und *stuffing*, das sowohl als Geflügelfüllung als auch als Beilage fungiert, veröffentlichte Sarah Josepha Hale Mitte des 19. Jahrhunderts im einflussreichsten Frauenmagazin seiner Zeit. Gleichzeitig drängte sie mehrere Präsidenten, *Thanksgiving* zum Feiertag zu erklären – am Ende mit Erfolg.

Dann verdichteten sich ausgedachte Geschichten zur vermeintlichen Ursprungssage. Demnach fand das »*First Thanksgiving*« 1621 bei Truthahn und Kartoffelbrei aus Dankbarkeit dafür statt, dass die Pautuxet Wampanoag den englischen Siedlern Landwirtschaft und Jagd beigebracht hatten. Daran stimmt fast nichts; die mit der Mayflower in Massachusetts gelandeten Pilgrims waren nicht einmal die ersten Kolonialisten. 50 Jahre später hielten sie aber erneut ein Festmahl ab: Anlass war ein Massaker an den Ureinwohnern.

Paradoxerweise ehrt *Thanksgiving* das friedliche Zusammenleben – auch im Kleinen. Familienmitglieder, die sich nur einmal im Jahr sehen, reisen für den Feiertag an und sagen am Esstisch in der Runde, wofür sie in diesem Jahr dankbar sind. Mit wechselhaftem Erfolg bemühen sie sich, auseinandergehende Ansichten über Politik, Religion und Gesellschaft zu tolerieren und Omas Weinseligkeit oder Schwagers Aufschneiderei zu übersehen. Traditionell läuft später Football im Fernsehen – da kann dann jeder Dampf ablassen. Selbst diejenigen, die auf ihre Sippe pfeifen, halten an dem Feiertag fest und veranstalten ein *Friendsgiving* mit der Wahlverwandtschaft.

132

THIN BLUE LINE

Gratwanderung in Blau

Ehe die blaue Linie ihren Weg auf eine Variante der US-Fahne gefunden hat, stand sie so ziemlich allein da: Ein blauer Streifen zwischen schwarzen Blöcken. Dieses Symbol der Polizei wird höchst unterschiedlich ausgelegt.

Manche Polizisten beschreiben die *thin blue line* als Symbol für einen Arbeitsalltag zwischen Leben und Tod. Andere sehen sie als die dünne Linie aus Blauuniformierten, die der Gesellschaft Verbrechen und Chaos vom Leibe hält. Unter Missbrauchsverdacht gerät das Symbol, wenn ein mit dem blauen Streifen geschmücktes Auto ohne Strafmandat im Halteverbot parkt. So oder so steht dieses Zeichen für die Solidarität der Polizisten untereinander.

Das hat eine Firma in Michigan aufgegriffen: Seit 2014 verkauft sie eine schwarzweiße Version der US-Fahne mit einem blauen Streifen. Einen Teil der Einkünfte spendet sie an Vereine, die zum Beispiel den Familien von im Dienst gestorbenen Polizisten helfen. Bis hin zu den Titeln von TV-Serien wie *Blue Bloods* und *Rookie Blue* hat sich die Farbe Blau als Synonym für die Ordnungshüter durchgesetzt. Sie stammt aus Zeiten mit blauen Uniformen – allerdings beim Militär, nicht bei der Polizei. Und da fängt die Zweischneidigkeit an.

Das Aufrüsten der Polizei mit armeeartigem Gerät wie Sturmgewehren, Kampfanzügen und Militärhubschraubern finden viele Bürger übertrieben oder sogar gefährlich. Gekoppelt mit einer langen Geschichte von Polizeigewalt gegen Schwarze, Transsexuelle und andere Minderheiten sowie bei Demonstrationen rückt das blaue Band für manche in die Nähe eines Aufrufs zur Gewalt. Die neuerdings in Mode gekommene Verwendung ihrer Fahne bei rechtsradikalen Aufmärschen verurteilen Polizeivertreter und Fahnenhersteller aufs Schärfste. Weil sie sich so schwer von rassistischen Motiven trennen lässt, verbannen viele sie dennoch von offiziellen Fahnenmasten an Polizeistationen.

THE PHANTOM OF THE OPERA
Coca-Cola
Coca-Cola zero SUGAR
Green Giant
GOOD HOUSEKEEPING NUTRITIONIST APPROVED
NOVOTEL
Hyundai KONA & KONA ELECTRIC
2019 North American Utility Vehicle of the Year
HARPER LEE'S
NYC HOT
PRETZELS
HORIZON

THIRD COAST
Amerikas Binnenküste

Neben der East Coast und der West Coast haben die USA noch eine weitere Küste.

Die längste Küste der Bundesstaaten, die als *lower 48 states* bezeichnet werden, also alle Staaten außer Alaska und Hawaii, hat nicht etwa Florida oder Kalifornien, sondern Michigan.

Die 5.292 Kilometer messende Uferlinie des Bundesstaats inmitten der Großen Seen wird im Mittleren Westen oft *Third Coast* genannt. Der Begriff wurde in den letzten zehn Jahren von den Medien und von Geschäftsleuten aufgegriffen, um die Bezeichnung *rust belt* (Rostgürtel) zu verdrängen, die in den 1980er-Jahren aufgrund der vielen stillgelegten Industrieanlagen aufgekommen war und dem Tourismus in dieser landschaftlich sehr schönen Gegend sehr abträglich war.

Doch es gibt Konkurrenz: Die Küste der Bundesstaaten, die am Golf von Mexiko liegen, wird ebenfalls mitunter als *Third Coast* bezeichnet. So findet sich die Bezeichnung dann auch in den Namen von Produkten aus beiden Regionen, wie z. B. Third Coast Beer aus Michigan und Third Coast Coffee aus Texas.

THIRTEEN
Vorsorglicher Aberglaube

In jedem Gebäude, das mehr als 12 Stockwerke hat, gibt es logischerweise eine 13. Etage. Aber die muss man erst einmal finden.

Der 13. Stock fehlt. Besser gesagt: Er existiert im Verborgenen. Denn in einem Großteil der Fahrstühle fehlt der Knopf mit der Nummer 13. Fahrstuhlhersteller Otis hat einmal nachgezählt: In etwa 85 Prozent der entsprechend hohen Gebäude kommt das Schaltbrett des Fahrstuhls ohne 13 aus. Das ist vor allem eine Vorsorgemaßnahme: Immobilienfirmen und Hoteliers wollen sich von abergläubischer Kundschaft nicht den Profit vermasseln lassen – und begegnen dem vermeintlich unglückseligen Stockwerk mit Kreativität.

Die einen zählen einfach weiter, da kommt nach der 12 dann eben die 14. Andere fügen eine 12A oder 14A ein, oder gar Nummer 12 ½. Wieder andere füllen den 13. Stock mit Infrastruktur für Heizung und Klimaanlagen, so dass außer dem Personal dort niemand Zutritt hat und der Fahrstuhl den Ort totschweigen kann. Hotels bringen dort zuweilen ein Restaurant oder Schwimmbad unter – und schreiben dann eben das neben den Fahrstuhlknopf. Auch das Alphabet hilft: Der 13. Buchstabe ist das M, ein häufiger Gast in Hochhauswegweisern – zuweilen getarnt als *mezzanine.* Und Glück – ha! – hat, wer überhaupt nur 13 Stockwerke hoch baut: Da kann man die problematische Etage einfach Penthouse nennen.

Blöderweise gelten in anderen Ländern andere Pechzahlen. In China ist es die Vier; bei amerikanischen Gebäuden mit passender Klientel kann es passieren, dass im Fahrstuhl die 13 plus alle Zahlen mit 4 fehlen – mit einem willkommenen Nebeneffekt: Scheingröße. Da geht der Fahrstuhl dann bis zum 60. Stock, in Wahrheit hat das Gebäude aber nur 53 Etagen.

Hold room key here
and then select floor
19
20
21
22
12
14
15
16
6
7
8
9
P1
P2
4
LL
LOWER LEVEL
L
LOBBY
CALL
DOOR OPEN
DOOR CLOSE

135

THRIFT STORES

Secondhand mit Herz

Wo sich Wohlfahrt und Kapitalismus zusammenschließen, jubiliert das Gewissen.

Thrift Stores sind nicht einfach Secondhandläden. Zwar geben die Leute dort Sachen ab, die sie nicht mehr haben möchten; aber das Personal arbeitet meist ehrenamtlich, und der Gewinn aus Kleidung, Möbeln, Haushaltskram, Büchern und Tonträgern kommt Bedürftigen zugute. Lost-N-Found Youth Thrift in Atlanta beispielsweise unterstützt obdachlose LGBTQ-Jugendliche, in Austin hat sich der Pets Alive-Laden dem Wohl herrenloser Tiere verschrieben, und bei Community Thrift in San Francisco sucht man sich mit seiner Sachenspende eine von 200 Organisationen aus, an die der Erlös geht.

Auch auf dem Land gibt es *Thrift Stores,* in denen sich die arme Bevölkerung einkleidet; zusätzlich bessern diese Läden beispielsweise die kirchliche Kollekte auf oder helfen, das regionale Krankenhaus vor der Schließung zu bewahren. Fast jeder fünfte Amerikaner kauft ab und an in solchen Läden ein, deren Vorgänger die Konsumkultur säten, die heute als typisch amerikanisch gilt.

Zum Ende des 19. Jahrhunderts ermöglichte nicht nur die Massenproduktion den ersten Überfluss, sondern es kamen auch massenhaft Einwanderer in die USA. Weil sie wegen ihrer Herkunft keinen Job bekamen, handelten viele mit Gebrauchtwaren, doch auch das erschwerten Vorurteile. Da sahen christliche Organisationen wie Goodwill und Salvation Army (Heilsarmee) eine Chance: Gegen Essen oder Unterkunft ließen sie arme Einwanderer Altkleider sammeln und finanzierten das Ganze mit dem Verkauf eben jener Sachen. Ihre Läden konnten locker mit den neumodischen Kaufhäusern mithalten. Aus Imagegründen wechselten sie ihren Namen von *junk* (Schrott) zu *thrift* (Spar-) *store* und nahmen dem Mittelstand seine Skepsis mit der Aussicht, mit dem Einkauf in protestantischer Sparsamkeit haushalten und gleichzeitig Gutes tun zu können. Noch heute gehören die *Thrift-Store-*Ketten der beiden Organisationen zu den größten der USA.

DONATIONS
WELCOME
NACS · TOYS
every penny benefits your hospital

TIPPING

Von Trinkgeld leben

Die meisten Gastronomen in den USA bezahlen ihrem Bedienpersonal kaum etwas. Das übernehmen die Gäste.

Amerikanische Restaurant- und Kneipenbesitzer in 18 Bundesstaaten sind fein raus: Sie müssen ihren Kellnern und Bartendern nur 2,13 Dollar zahlen, sofern diese mit Trinkgeld auf 7,25 Dollar pro Stunde kommen. Und in den meisten anderen Staaten liegt die Bezahlung kaum höher. Lediglich in sieben Bundesstaaten sind die Arbeitgeber verpflichtet, den vollen Mindestlohn unabhängig vom Trinkgeld zu zahlen.

Die Kellner sind daher auf angemessene Trinkgelder angewiesen, um überhaupt ein nennenswertes Einkommen zu erreichen. Das weiß in den USA jeder und gibt deshalb selbst bei durchschnittlichem Service mindestens 15 Prozent und bei gutem und sehr gutem Service 20 Prozent Trinkgeld. Und wer in der Kneipe oder bei einer Veranstaltung ein Bier am Tresen holt, lässt einen Dollar Trinkgeld pro Glas oder Flasche auf dem Tresen liegen. Bei Getränken, die mehr Arbeit erfordern, zum Beispiel Cocktails, sind zwei Dollar angemessen.

In Fast-Food-Restaurants und bei Kaffeeketten wird kein Trinkgeld erwartet, in kleineren *coffee shops* geben viele Gäste einen Dollar, wenn es sich um ein Getränk handelt, das über einen normalen Becher Kaffee hinausgeht.

WELCOME TO
tipsy?

TOWN HALL
Wir müssen reden

US-Politiker stellen sich ihren Wählern nicht nur am Telefon oder in der Sprechstunde, sondern auch in öffentlichen Foren. Das kann jedoch nach hinten losgehen.

Die Öffentlichkeit versammelt sich, um über Politik zu diskutieren: Jeder kann dort seine Fragen stellen oder einem Politiker, den er gewählt hat, die Meinung geigen. Denn dieser Volksvertreter ist anwesend und präsentiert seine aktuellen Erfolge und Schwerpunkte bei der *town hall*, benannt nach dem Ort, an dem ein solches Forum im Neuengland des 17. Jahrhundert stattfand. Der Kongress in Washington und die Parlamente der Bundesstaaten machen festgelegte Pausen, in denen die Abgeordneten aus Washington bzw. den Hauptstädten der Bundesstaaten in ihre Wahlkreise zurückkehren, wo sie sich mit den Wünschen und Sorgen der dortigen Bürger befassen sollen.

Viele US-Unternehmen halten ebenfalls *town halls* mit ihren Angestellten ab; oft geraten diese aber zu

Monologen der Führungsriege, weil das Publikum – zu Recht oder Unrecht – fürchtet, dass Ehrlichkeit den Job kosten kann. Um den Weg für einen Dialog zu öffnen, bitten manche Firmen um anonyme, schriftliche Fragen und Kritik vorab und diskutieren eine Auswahl dann bei der *town hall.*

Das Prinzip hat auch seinen Weg in die eigentlichen *town halls* gefunden, stößt aber auf Ablehnung: Politiker sollen sich nicht die Rosinen aus Fragen und Kritik picken, sondern Rechenschaft ablegen; sie arbeiten schließlich fürs Volk.

Doch manche drücken sich vor *town halls.* Zum Beispiel bescherte der Versuch, Obamacare abzuschaffen, vielen Republikanern im Sommer 2017 massive *Town-hall*-Proteste vor versammelter Presse. 2018 machten sich daraufhin viele von ihnen trotz anstehender Wahlen rar – so wie ihre demokratischen Kollegen acht Jahre zuvor bei der Einführung der Gesundheitsgesetze.

138

TRAILER PARK

Keine Wohnwagensiedlung

Nach Erhebungen der US-Regierung leben sechs Prozent der Bevölkerung, also rund 20 Millionen Menschen, in *trailer parks.*

Im Deutschen wird der amerikanische Begriff *mobile home* oft mit »Wohnwagen« und *trailer park* oft mit »Wohnwagensiedlung« übersetzt. Wer sich jedoch einmal in einem amerikanischen *trailer park* umsieht, wird schnell erkennen, dass diese Übersetzung nicht zutreffend ist.

In einem *trailer park* stehen heutzutage keine Wohnwagen *(campers)* oder Wohnmobile *(RV, Recreational Vehicle),* sondern wesentlich größere *mobile homes,* d. h. in Fabriken vorgefertigte Wohneinheiten, die eher Baracken als Wohnwagen ähneln. Historisch gesehen entwickelten sie sich zwar aus Wohnwagen, aber das war vor 50–60 Jahren.

Ein *mobile home,* umgangssprachlich *trailer* genannt, wird im Stück per Schwerlasttransport angeliefert. Es steht weder auf Rädern noch auf einem richtigen Fundament, sondern auf Betonklötzen. Genauso, wie es geliefert wurde, kann es zu einem späteren Zeitpunkt an einen anderen Ort transportiert werden, was allerdings nur in den seltensten Fällen passiert. Im *trailer park* wird es ans Wasser- und Stromnetz angeschlossen.

Die *trailer parks* befinden sich fast immer außerhalb oder am Rande von Städten. Alte *trailer parks* vermitteln mitunter den Eindruck eines Slums, während neue nicht selten einen eigenen Swimming Pool haben. Das sollte jedoch nicht darüber hinwegtäuschen, dass dort in der Regel die untersten Einkommensschichten wohnen. Diese werden oft durch niedrige Ratenzahlungen für das *mobile home* angelockt. Allerdings können die Gebühren für den Stellplatz im Laufe der Zeit erheblich steigen. Gleichzeitig verlieren *mobile homes* ähnlich einem Gebrauchtwagen kontinuierlich an Wert. Wer es sich irgendwie leisten kann, würde deshalb immer den Kauf eines richtigen Hauses, inklusive Grundstück, vorziehen.

UNIVERSITY PRESS
Verlage der besonderen Art

95 Universitäten in den USA betreiben eigene Buchverlage mit vielfältigen und anspruchsvollen Programmen.

In den USA haben Universitätsverlage eine lange Tradition. Die Anfänge reichen bis ins 17. Jahrhundert am Harvard College zurück. So richtig los ging es dann am Ende des 19. Jahrhunderts mit der University of Pennsylvania Press (1890), University of Chicago Press (1891), University of California Press (1893), Northwestern University Press (1893) und Columbia University Press (1893). Nach 1945 gab es dann nochmal eine weitere Gründungswelle.

Die amerikanischen Universitätsverlage machen in der Regel keinen Gewinn. Sie werden durch die jeweilige Universität und durch Spenden finanziert. Anders als bei Wissenschaftsverlagen in Deutschland müssen sich Autoren finanziell nicht an der Veröffentlichung beteiligen. Zweck der Universitätsverlage in den USA ist auch nicht der Druck von Dissertationen oder anderen Schriften, die an der eigenen Uni entstanden sind. Vielmehr publizieren sie ein breit gefächertes Programm wissenschaftlicher Bücher und Zeitschriften, wobei sich durchaus Themenschwerpunkte herausgebildet haben. So konzentriert sich der Verlag der University of Illinois auf die Geschichte der Arbeiterbewegung, University of Nebraska Press auf Geschichte und Gegenwart der amerikanischen Ureinwohner und MIT Press auf Sprachwissenschaft. Die Universitätsverlage publizieren aber auch viele nichtakademische Sachbücher, oft zu regionalen Themen, sowie amerikanische und fremdsprachige Literatur und radikale Schriften, zum Beispiel von Che Guevara.

University of Chicago Press ist der größte Universitätsverlag in den USA, er hat seit 1892 mehr als 11.000 Bücher herausgegeben, von denen rund 6.000 noch erhältlich sind. Zudem veröffentlicht der Verlag 81 wissenschaftliche Zeitschriften und unterhält ein Vertriebszentrum für rund 100 Verlage, die meisten von ihnen ebenfalls Universitätsverlage.

PRINCETON
UNIVERSITY
PRESS

URBAN FARMING

Immer wieder Selbstversorger

Gemüseanbau mit Kleinvieh und Bienen versorgt einkommensschwache Stadtviertel nicht nur mit Essen, sondern auch mit Bildungschancen. Fans feiern das als tolle Erfindung – wie so oft, wenn sich Geschichte wiederholt.

Landauf, landab bekommen Stadtfarmprojekte viel Aufmerksamkeit, etwa Keep Growing Detroit, New Roots for Refugees in Kansas City und Growing Power in Milwaukee, das sich ab den 1990er-Jahren zum zentralen Ausbildungsort für Nachahmer entwickelte. *Urban farming* ist trendy, aber alles andere als neu. Schon die frühen europäischen Siedler lernten teils mit Hilfe der amerikanischen Ureinwohner, einheimische Pflanzen zu kultivieren – auch innerhalb der ersten Städte. Das verlagerte sich, als Plantagen zum Geschäft wurden. Doch die Versorgung mit Lebensmitteln vom Land stützte sich auf Ausbeutung der fiesesten Art: Der Beginn von Ackerbau und Viehzucht im großen Stil ging in den USA Hand in Hand mit der Sklaverei.

Das Selbstversorger-Gärtnern wiederum flammte in Krisenzeiten wieder auf – oder durch Einwanderer. So entstanden osteuropäisch inspirierte Mini-Geflügelfarmen in New Yorker Mietskasernen der Jahrhundertwende, Tomaten und mediterrane Kräuter wuchsen auf deren Dächern. Initiiert von First Lady Eleanor Roosevelt lieferten 20 Millionen sogenannte *Victory Gardens* im Zweiten Weltkrieg rund 40 Prozent des Gemüses im Land.

Doch mit dem Wohlstand der Nachkriegszeit kam auch der Abstand zur Selbstversorgung: Rund 1.500 Meilen legte eine typische amerikanische Mahlzeit zurück, als in den 1970er-Jahren in Kalifornien erneut das *urban farming* aufkam. Heutzutage lässt neue Gartentechnik dabei die Grenzen zur kommerziellen Landwirtschaft zuweilen verschwimmen – etwa mit *aquaponics*, einem in sich geschlossenen, kompakten System zur Fischaufzucht und gleichzeitigen Kultivierung von Nutzpflanzen. In Detroit dominiert zudem ein neuer Begriff die Diskussion: *agrihood* – um eine Stadtfarm herum geplante Bauvorhaben, die aus dem Komposthaufen-Image eine Goldgrube machen.

BG

URGENT CARE

Mittelding zwischen Arztpraxis und Notaufnahme

Vor zwanzig Jahren öffneten die ersten *Urgent Cares* ihre Türen und waren sofort ein Hit. Mittlerweile gibt es landesweit mehr als 8.000 dieser medizinischen Einrichtungen, und es werden immer mehr, denn gegenüber der regulären Arztpraxis und der Notaufnahme bieten sie entscheidende Vorteile.

Während man beim normalen Arzt, selbst bei Krankheit, telefonisch einen Termin vereinbaren muss und diesen nicht selten erst am nächsten Tag bekommt, kann man bei einer *Urgent Care* ohne Voranmeldung erscheinen und wird schnell behandelt. Zudem sind *Urgent Cares* jeden Tag, also auch am Wochenende geöffnet, in der Regel von 8 Uhr morgens bis 8 Uhr abends.

Die durchschnittliche Wartezeit beträgt 30 Minuten, was wesentlich attraktiver als die Notaufnahme (*emergency room*, kurz: *ER*) ist, wo

man oft stundenlang warten muss, wenn man sich nicht in einem lebensbedrohlichen Zustand befindet. Auch beim regulären Arzt muss man nicht selten viel Geduld aufbringen, trotz Termin.

Behandelt werden in der *Urgent Care* zumeist Halsschmerzen, Blasenbeschwerden, Grippe und Erkältung. Da in vielen Bundesstaaten nur der Leiter der Einrichtung ein Arzt sein muss, wird die Behandlung in erster Linie von *physician assistants* oder *nurse practitioners* durchgeführt, die in der Qualifizierung zwischen Arzt und Krankenpfleger stehen. Werden die Möglichkeiten der Einrichtung überschritten, schickt man die Patienten zur Notaufnahme eines Krankenhauses.

Angesichts des Erfolges der *Urgent Cares* bieten manche Krankenhäuser mittlerweile einen ähnlichen Service in den Abendstunden und am Wochenende an.

VACATION

Beinahe ein Fremdwort

Ein Viertel der Arbeitnehmer im privaten Sektor erhalten weder bezahlten Urlaub noch bezahlte Feiertage.

Lediglich Angestellte der Regierungsbehörden und die Mitarbeiter von Firmen, die Aufträge der Regierung annehmen, haben einen gesetzlichen Anspruch auf bezahlte Feier- und Urlaubstage. Den Unternehmen in der Privatwirtschaft ist es völlig selbst überlassen, ob und wie viele Urlaubs- und Feiertage ihre Mitarbeiter bekommen. Im Durchschnitt sind es 14 Urlaubstage, davon werden aber nur zehn genommen. Laut einer vom Reiseportal Expedia in Auftrag gegebenen Studie blieben im Jahr 2018 dadurch 654 Millionen Urlaubstage ungenutzt.

Viele Leute haben insbesondere Angst, dass sie ihre Arbeit verlieren, wenn sie Urlaub am Stück machen. Länger als eine Woche nimmt daher kaum jemand frei. Die meisten Leute nehmen mal ein, zwei Tage hier und dort, um ein längeres Wochenende zu genießen oder Besorgungen und Arzttermine wahrzunehmen. Und selbst wenn sie frei haben, schauen viele Arbeitnehmer in ihre E-Mails.

Wer ein paar Tage verreist, bleibt in der Regel im Inland. Nur wenig mehr als ein Drittel der US-Bürger hat einen gültigen Reisepass. Dieser Anteil war noch kleiner, bis im Jahr 2007 der Führerschein als Ausweis für eine Reise in die Nachbarländer Mexiko und Kanada nicht mehr ausreichte. Mexiko mit mehr als 35 Millionen Besuchern, Kanada mit 14 Millionen und Großbritannien mit 4 Millionen sind mit Abstand die Top-Reiseziele von US-Amerikanern.

Bei so wenigen Urlaubstagen könnte man annehmen, dass es in den USA viele Fälle von Burnout gibt. Das ist wohl auch der Fall, allerdings ist Burnout in den USA zwar als berufliches, aber nicht als medizinisches Problem anerkannt und daher kein Grund für eine Krankschreibung. Behandelt werden vielmehr die Symptome, in der Regel mit Medikamenten.

SANTA MONICA
66
End of the Trail

VEGGIES

Bunt und gesund

Ob im Supermarkt oder beim Bauern: Die Gemüseauswahl in den USA bricht Vorurteile.

Gemüse in den USA ist eine Offenbarung. Jedenfalls für diejenigen, die in deutschsprachigen Gesundheitsratgebern schon einmal über die Formulierung »blättrige grüne Gemüse« gerätselt haben. In den USA gibt es eben jene auch jenseits von Spinat in Hülle und Fülle: *collard greens*, die aussehen wie geglättete Weißkohlblätter, zig verschiedene Grünkohlvarianten von *lacinato kale* bis *Red Russian*, dazu Amaranthblätter, Brunnenkresse, *mustard greens*, Stielmus, Mangold und so fort. Vieles bekommt man in jedem größeren Lebensmittelmarkt. Zusammen mit weiteren Gemüsen in allen Regenbogenfarben präsentieren die Supermärkte das Grünzeug auf appetitliche Weise. Eine Süßkartoffelpyramide und ein überquellender Tomatenkorb weisen auf Sonderangebote hin, Brokkoli liegt mit der Krone nach vorn, gefolgt von einer Reihe Radieschen, neben denen der Sellerie quer liegt – der Optik wegen. Wer glaubt, Amerikaner seien erstens nach Fast Food süchtige Esskulturbanausen und äßen zweitens nichts als Fleischberge, der sollte einen gutsortierten Supermarkt oder einen *farmers market* auf die Sightseeing-Liste setzen.

Wochenmärkte mit Gemüse, Obst und Fleisch von Bauern aus dem direkten Umland erlebten jüngst eine Renaissance: 2017 zählte das US-Landwirtschaftsministerium 8.687 *farmers markets;* zwischen 2006 und 2016 hat sich ihre Zahl verdoppelt. Viele Stadtbewohner fahren im Sommer und Herbst zudem gern aufs Land – der *farm stands* wegen. Am Straßenrand stellen Bauern sich besonders an den Wochenenden mit ihrem Saisonangebot auf. 2018 trugen diese Direktverkaufsstellen zusammen mit den Bauernmärkten in den Städten etwa 9 Milliarden Dollar zur US-Wirtschaft bei.

VETERANS
Ausgedient

Etwa 18,2 Millionen Veteranen lebten im Jahr 2017 in den USA. Manche von ihnen haben im Zweiten Weltkrieg oder im Vietnamkrieg gekämpft, andere sind erst vor Kurzem aus Syrien oder Afghanistan zurückgekehrt.

»Thank you for your service.«

Diesen Satz hören ab und an auch Feuerwehrleute oder Polizisten, vor allem aber gilt der Dank Soldaten und Veteranen der US-Streitkräfte. Zwei Feiertage ehren sie formal: Der Memorial Day ist den Gefallenen gewidmet, der Veterans Day den Lebenden. Doch auch im Alltag zollen Amerikaner jenen Tribut, die ihr Land und ihre Werte verteidigen. Viele Museen, Läden und Restaurants geben Veteranen und Soldaten Rabatt, seit den Terroranschlägen vom 11. September 2001 gibt es beim Stadionsport oder bei Autorennen oft zeremonielle Ehrungen.

1974 wechselten die USA von einem Einberufungssystem zum freiwilligen Militärdienst. Das hat den Respekt vor Männern und Frauen in Uniform noch einmal erhöht – aber auch die Schuldgefühle: Zu jenen, die für sie den Kopf hinhalten, haben immer weniger Amerikaner direkten Kontakt. Bis zu 80 Prozent der aktiven Mitglieder der US-Streitkräfte stammen heute aus Familien, in denen Eltern oder Geschwister Berufs- oder Zeitsoldaten sind; oft reicht die Militärtradition über Generationen. So lockt das Pentagon neue Rekruten heute mit regelmäßigen Gehaltserhöhungen, Wohnzuschüssen, Krankenversicherung, Staatsbürgerschaft (für Ausländer) und einer großzügigen Rente nach 20 Jahren Dienst.

Schon viel früher können sich Veteranen für andere Leistungen der für sie zuständigen Behörde *(VA, Veterans Affairs)* qualifizieren – von der Übernahme der College-Gebühren über Versehrtenrenten bis zur lebenslangen Versorgung in eigens dafür eingerichteten *VA medical centers.* Allerdings entscheidet das jährlich vom US-Kongress freigegebene Budget darüber, wie viele neue Veteranen dieses Krankenversicherungssystem aufnehmen kann. Deshalb werden die Anträge nicht nach Eingangsdatum, sondern nach Prioritäteneinstufung genehmigt.

Army
Veteran
1992-1993
1998-2001
VETERAN

VOLUNTEERING

Ein Volk der Freiwilligen

Ob Hilfe im Tierheim oder bei der Obdachlosenspeisung, beim Hausbau für Einkommensschwache oder bei der Beratung für Menschen, die sich selbstständig machen wollen – viele Amerikaner engagieren sich ehrenamtlich.

Beinahe ein Drittel der Erwachsenen in den USA hat nach Erhebungen des U.S. Census Bureau im Jahr 2018 Freiwilligenarbeit geleistet. Dabei sind 6,9 Milliarden Stunden gemeinnütziger Tätigkeit zusammengekommen. Viele Leute stellen regelmäßig ihre Zeit und Arbeitskraft zur Verfügung, andere einmal oder zweimal im Jahr. Einmalige Projekte werden oft von den Arbeitgebern initiiert, um den Teamgeist zu stärken, wogegen langfristiges Engagement meistens auf Eigeninitiative zurückgeht.

Neben dem schönen Gefühl, etwas für einen guten Zweck zu tun, bietet Freiwilligenarbeit auch eine Möglichkeit, gleichgesinnte Menschen kennenzulernen. Für Menschen, die in andere Städte umziehen, ist das besonders wichtig. Dem Umfrageinstitut Gallup zufolge zieht innerhalb von fünf Jahren ein Viertel der USA-Bevölkerung in eine andere Stadt, in der Regel für einen neuen Job.

Zu den Einrichtungen, die ohne Freiwillige nicht existieren könnten, gehören Tierheime. Ein Beispiel: 2019 wurden bei PAWS Chicago 149.507 freiwillige Arbeitsstunden geleistet. Diese Organisation gibt es seit 1997, bisher wurde dort mehr als 60.000 Hunden und Katzen das Leben gerettet. Ohne die vielen freiwilligen Helfer, die mit den Hunden spazieren gehen, Käfige reinigen oder in der Tierklinik helfen, wäre das nicht zu schaffen gewesen. Und natürlich nicht ohne die Spendengelder, die den Betrieb mehrerer Tierheime im Stadtgebiet ermöglichen.

Die erwähnte Studie des U.S. Census Bureau enthält auch eine bemerkenswerte Statistik über den Zusammenhang von Freiwilligenarbeit und der Bereitschaft, an gemeinnützige Organisationen zu spenden: Wer großzügig von seiner Freizeit abgibt, spendet auch bereitwilliger Geld für wohltätige Zwecke. 80 Prozent der ehrenamtlich Tätigen leisten auch finanzielle Hilfe, im Vergleich zu 40 Prozent derjenigen, die keine ehrenamtliche Arbeit leisten.

WEDDING

Teurer Lebenshöhepunkt

Eines der wichtigsten Ereignisse im Leben vieler Amerikaner ist die Hochzeit. Planung, Aufwand und Kosten sind enorm – zumindest beim ersten Mal.

Raummiete in einem Hotel oder Restaurant, Essen und alkoholischen Getränke für 100 bis 200 Gäste, Ausgaben für den Fotografen und einen DJ oder eine Band. Dazu das Hochzeitskleid, die Torte und die Eheringe: Durchschnittlich kostet eine amerikanische Hochzeit 45.000 Dollar. Traditionell wird von den Eltern der Braut erwartet, dass sie die meisten Kosten übernehmen.

Bei der Trauung stehen der Braut vier bis fünf *bridesmaides* und dem Bräutigam eine gleiche Anzahl an *groomsmen* zur Seite. Diese rekrutieren sich aus guten Freunden und manchmal auch aus Geschwistern oder gleichaltrigen Verwandten. Die beste Freundin der Braut ist die *maid of honor* und der beste Freund des Bräutigams ist der *best man*. Die *bridesmaides* tragen alle ein Kleid in derselben Farbe, die von der Braut oder ihrer Mutter ausgewählt wurde. Die *groomsmen* sind einheitlich in einen Smoking gekleidet. Der *best man* reicht dem Bräutigam während der Zeremonie die Ringe, die in den USA an der linken Hand getragen werden. Bei der anschließenden Feier halten der *best man* und die *maid of honor* jeweils eine Ansprache.

Die Aufgaben der beiden beschränken sich aber nicht nur auf die Hochzeit. Die *maid of honor* organisiert eine *bridal shower* (Brautparty), die vier bis sechs Wochen vorher stattfindet. Dabei beschenken Freundinnen und weibliche Verwandte die Braut mit kleinen Aufmerksamkeiten. Dabei geht es sehr gemächlich zu, im Gegensatz zur *bachelorette party* (Junggesellinnenabschied) kurz vor der Hochzeit, bei der die Braut und ihre Freundinnen noch einmal kräftig feiern gehen, während der Bräutigam und seine Freunde das Gleiche in Form einer *bachelor party* machen. Einen Polterabend gibt es in den USA nicht. Die Trauung kann in einem Gotteshaus stattfinden, aber auch am Strand, im Hotelsaal, im Grünen oder in einer *wedding chapel.* Letztere sieht wie eine kleine Kirche oder Kapelle aus, ist aber nur ein Gebäude zum Heiraten. Trauen dürfen eine ganze Reihe von Personen, insbesondere die Geistlichen jeglicher Religionen. Eine Trauung auf dem Standesamt, die in den USA von einer Richterin oder einem Richter durchgeführt wird, ist dagegen vollkommen schnörkellos und auch nicht erforderlich. Notwendig ist in jedem Fall nur, dass man sich vorher auf dem Ordnungsamt eine Heiratserlaubnis einholt und hinterher eine Heiratsurkunde ausstellen lässt.

147

WHALE WATCHING

Wem die Flosse winkt

Mehr als 150 Jahre nach *Moby Dick* hört die Jagd nach dem Wal einfach nicht auf.

Als Herman Melville im Jahr 1851 mit dem Roman *Moby Dick* den Walfang im Allgemeinen und die Obsession eines gewissen Kapitän Ahab im Speziellen beschrieb, stand das gefährliche Gewerbe kurz vor dem Wendepunkt. Innerhalb weniger Jahrzehnte drängte die Entdeckung von Erdöl ab 1859 den Walfang aus dem Geschäft. Bis dahin lieferten tote Wale eine der wichtigsten Energiequellen des 18. und 19. Jahrhunderts: Tran. Das Öl aus dem Walfett brannte in Lampen und glitschte in Seifen, Walbarten stützten das Korsett. Die Konkurrenz wuchs, die Wale schwanden, und wer auf Walfang zog, kam meist erst nach Jahren zurück – ums Kap Horn oder bis in die Arktis segelten die Walfänger von Ostküstenorten wie Nantucket oder Sag Harbor. Es brauchte fast 150 Jahre und viele Umweltmaßnahmen, bis Wale in dieser Region wieder Nahrung fanden – und erneut eine Geschäftsgrundlage boten.

An der Pazifikküste ging es etwas schneller. In den 1950er-Jahren stellte ein kalifornischer Fischer namens Chuck Chamberlin ein Schild auf: »Wale sehen – 1 Dollar.« Er wollte nur sein Boot im Winter sinnvoll nutzen und ahnte nicht, dass er San Diego damit zum Startpunkt eines Geschäfts machen würde, das heutzutage weltweit Milliarden einbringt: *whale watching.*

Beliebte Schiffstouren gibt es etwa in Cape Cod (Massachusetts), Maui (Hawaii), Juneau (Alaska) und den San Juan Islands (Washington). Immer mehr und immer größere Schiffe belagern seither die Meeressäuger und gefährden sie, manchmal auch die Menschen. Die Schutzregeln der Internationalen Walfangkommission befolgen am ehesten Touren von Naturforschern und Umweltorganisationen. Es geht aber auch ohne Schiff: An Aussichtspunkten in Oregon, Washington oder Kalifornien kann man Wale vom Land aus beobachten.

WIRES

Stromausfälle vorprogrammiert

Nach schweren Stürmen sind oft Tausende Haushalte ohne Strom. Das liegt in den meisten Fällen an den an Masten hängenden Kabeln, die in Klein- und Vorstädten von umstürzenden Bäumen oder abbrechenden Ästen mitgerissen werden. Da fragt man sich: Warum werden die Kabel nicht unterirdisch verlegt?

Die Hersteller und Verkäufer von Stromgeneratoren reiben sich die Hände: Die Amerikaner haben kaum Erfahrung mit der Instandhaltung und Reparatur von unterirdisch verlegten Stromkabeln, wissen aber, dass deren Installation im Durchschnitt etwa fünfmal mehr als das Anbringen an Masten kostet. Deshalb sind viele Entscheidungsträger nur schwer davon zu überzeugen, dass so auf lange Sicht Geld gegenüber den sturmanfälligen Leitungen gespart werden könnte.

Neue Kunden lassen sich zudem mit der herkömmlichen Technologie innerhalb von Stunden ans Stromnetz anschließen, indem einfach eine Leitung vom Mast zum neuen Gebäude gespannt wird. Ein unterirdisches Verlegen würde dagegen mehrere Tage dauern und viel teurer sein. Daher ist kaum damit zu rechnen, dass bestehende Stromleitungen in naher Zukunft unter die Erde verlegt werden.

In neuen Eigenheimsiedlungen, insbesondere der höhere Preisklasse, werden die Stromleitungen und auch die Telefon-, Fernseh- und Internetkabel mittlerweile unterirdisch verlegt. Für die Kosten kommen in erster Linie die Käufer der Häuser auf, die vor allem aus ästhetischen Gründen keine herumhängenden Kabel wollen. Und natürlich ist es viel einfacher und preiswerter, Kabel unterirdisch zu verlegen, bevor die Bebauung beginnt.

WOODEN HOUSES

Holz in der Hütte

Holz in Hülle und Fülle fanden die europäischen Pioniere in den USA, und so bauten sie damit ihre Häuser. Das ist bis heute so – trotz vieler Veränderungen in der Baubranche.

Ob Trapperhütte, viktorianisches Lebkuchenhaus oder Neubau: Hinter den meisten Fassaden in den USA steckt ein Holzgerüst. Während die großen Wälder Europas schon vor Jahrhunderten abgeholzt wurden, haben die USA immer noch genug menschenleere Landstriche voller Bäume. So brauchen Bauherren nicht wochenlang zu warten, dass der Beton aushärtet, Messfehler lassen sich mit der Säge ausbügeln, und wer sich bei der Materialbestellung verrechnet hat, holt flugs im Baumarkt Nachschub. Im Vergleich zu Stahl und Beton fällt selbst die CO_2-Bilanz bei Holz günstiger aus. Die verhältnismäßig dünnen Weichholzgerüste brennen allerdings auch ganz hervorragend.

Gegen Verbote, die viele US-Städte nach dem Great Chicago

Fire 1871 erlassen hatten, setzt die Holzbaubranche heute moderne Technik. Die Anzahl der Todesfälle bei Hausbränden in den USA hat sich tatsächlich seit den 1980er-Jahren halbiert. Ehe Sprinkleranlagen, Gipswandplatten und weitere feuerfeste Bauelemente eingebaut sind, brennt allerdings zuweilen auf Baustellen das Holzgerüst ab. Dabei will die Branche hoch hinaus. Die Weiterentwicklung von Brettsperrholz ermöglicht neuerdings so genannte *toothpick towers* (wörtlich: Zahnstochertürme): Bis zu 18 Stockwerke hoch kann man damit bauen.

So kehren die Holzhäuser, die trotz allem bis heute den überwältigenden Teil der US-Bauten ausmachen, allmählich von den Vororten in die Stadtkerne zurück – immer öfter in Form mehrstöckiger Mietshäuser oder Hotels. Wer den in Europa üblichen Massivbau gewöhnt ist, wird sich selbst im Einfamilienholzhaus wundern: Auch auf 200 Quadratmetern funkt das WLAN-Signal meist in jedes Zimmer.

WORKING POOR

Der unerfüllte amerikanische Traum

Die Zahl der Menschen, die arbeiten und trotzdem arm sind, ist in den USA drei- bis fünfmal so hoch wie in europäischen Ländern.

Die Chancen, dass man es durch harte Arbeit vom Tellerwäscher zum Millionär bringen könnte, sind in den USA extrem gering. Seit 1980 wurde die Einkommensschere zwischen den oberen zehn Prozent und den restlichen 90 Prozent immer größer, ergab eine Untersuchung der Federal Reserve Bank of Minneapolis.

Mehr als 40 Millionen US-Amerikaner, also gut 12 Prozent der Bevölkerung, leben nach Regierungsangaben unter der Armutsgrenze. Die meisten von ihnen nehmen nicht am Arbeitsmarkt teil, etwa Senioren und Kinder, aber fast acht Millionen Menschen werden offiziell als *working poor,* also »arbeitende Arme«, bezeichnet. Frauen sind davon häufiger betroffen als Männer; Afroamerikaner und Latinos häufiger als Amerikaner europäischer und asiatischer Herkunft. Die Zahl der betroffenen Familien mit Kindern ist viermal so hoch wie Familien ohne Kinder, da wegen der hohen Kosten einer Kinderbetreuung in der Regel ein Elternteil zu Hause bleiben muss.

Wer unter der Armutsgrenze lebt, kann staatliche Hilfe beim Erwerb von Lebensmitteln beantragen. Rund 17 Prozent aller Kinder in den USA leben in Familien, die derart unterstützt werden. Zu den Empfängern dieser Unterstützung gehören auch Tausende Teilzeitangestellte bekannter Unternehmen wie Walmart, McDonald's und Amazon. Durch eine Anstellung auf Teilzeit vermeiden die Unternehmen, den betroffenen Mitarbeitern eine Krankenversicherung und bezahlten Urlaub anbieten zu müssen. Um über die Runden zu kommen, haben Millionen Amerikaner daher auch mehr als einen Arbeitgeber.

Ramen &
Dry Soup
Soup
Deodorant
Toothpaste
WATCH
LAST STEP
30-day
Happy to help

YARD SALE

Flohmarkt im Vorgarten

Einmal im Jahr misten viele Amerikaner aus. Doch statt unnütze Dinge wegzuwerfen, bieten sie diese im Vorgarten zum Kauf an.

Das Vorurteil von der amerikanischen Wegwerfgesellschaft wird im Alltag oft widerlegt. Abgelegte Schuhe und Kleidung kommen nicht selten in eine der Kleidertonnen, die am Rande der riesigen Supermarktparkplätze stehen, Möbel, Spielzeug und elektrische Geräte werden an die *thrift stores* der Heilsarmee und anderer gemeinnütziger Organisationen gespendet und hochwertigere Gegenstände auf Online-Plattformen zum Kauf angeboten.

Wer recht viele Sachen verkaufen möchte, z. B. vor einem Umzug oder um einfach mal Platz im Haus zu schaffen, stellt ein paar Tische in der Garageneinfahrt oder im Vorgarten

auf und veranstaltet einen *garage sale* bzw. *yard sale*. Viele Nachbarschaften führen so etwas auch gemeinsam an einem bestimmten Tag durch. Das lockt natürlich wesentlich mehr Schnäppchenjäger an. Das kann dann mitunter, wenn sich Hunderte oder gar Tausende Menschen durch die Nachbarschaft wälzen, durchaus Volksfestcharakter annehmen.

Derartige Verkäufe sieht man am ehesten in Eigenheimsiedlungen, in New York gibt es aber zum Beispiel auch sogenannte *stoop sales* in den Straßen mit Brownstone-Reihenhäusern, weil deren große, breite Treppen sich dafür anbieten.

In vielen Städten ist für einen *yard sale* eine Genehmigung notwendig, damit niemand auf die Idee kommt, einen dauerhaften Trödelladen im Vorgarten einzurichten.

DANKSAGUNG

Die Arbeit an einem Buch ist eine einsame Angelegenheit, denn schreiben kann ja nur jeder für sich. Wie weit wir trotzdem ein Gemeinschaftswerk daraus machen können, hat uns dieses Buch gezeigt. Wir danken allen, die uns dabei inspiriert und angefeuert haben, insbesondere den Freunden, Kollegen und Zufallsbekanntschaften hier in den Vereinigten Staaten und auch in Deutschland, die bereitwillig erzählt haben, was für sie »typisch USA« ist oder was sie schon immer einmal über die USA wissen wollten. Wir danken auch unserem Verleger Matthias Walter für das Vertrauen, das er seinen Autoren und Autorinnen entgegenbringt. **Vor allem aber bedanken wir uns bei Ihnen, liebe Leserinnen und Leser, dafür, dass Sie dieses Buch aufgeschlagen haben und die USA durch unsere Augen erleben wollen.**

Kai Blum bedankt sich bei:

Petrina Engelke. Ohne die Zusammenarbeit mit dir hätte die Arbeit an diesem Projekt nicht so viel Freude gemacht. Durch dich hat dieses Buch ganz wesentlich an thematischer und fotografischer Bandbreite gewonnen und du hast mit deinen Anregungen auch dazu beigetragen, dass meine Texte an Qualität gewonnen haben.

Valeria Petukhova – dafür, dass ich jahrelang auf deinem Blog das Fotografieren üben durfte und für die Geduld, die das Leben mit einem Schreibenden erfordert.

Herzlichen Dank von Petrina Engelke an:

Kai Blum. Hättest du mich nicht ins Boot geholt, stünde mein Name jetzt nicht auf dem Titel. Formal betrachtet müsste das mein Hauptgrund sein, dir zu danken – ist es aber nicht. Ich hätte mir nie träumen lassen, wie harmonisch zwei Menschen sich über ein so weites und oft strittiges Thema wie die USA auseinandersetzen können, und ich danke dir für diese Erfahrung. Deiner konstruktiven, zielgerichteten Arbeitsweise, deiner Weitsicht und Gelassenheit eifere ich nach. Wer weiß, vielleicht kann ich mich eines Tages auch so schnell kurz fassen wie du.

Thomas Halaczinsky – für all die Zeit, in der du dir dieses oder jenes Kapitel vorlesen ließest, für die Kameraleihgabe und die Bilder aus deinem Archiv unserer gemeinsamen Reisen. *Onward!*

Alwiné Ometa – dafür, dass du sofort »Ja!« gesagt hast, als ich dich um *Sensitivity Reading* bat. Wie schon so oft macht deine Großzügigkeit mich sprachlos, und sie wirkt lange nach: Du hast Gedanken angestoßen, die weit über Buchkapitel hinausgehen.

Das Tagebuch einer Vagabundin

Nic Jordan
aWay
Wie ich nichts mehr zu verlieren hatte und per Anhalter von London nach Australien reiste

ISBN 978-3-95889-368-9
ISBN 978-3-95889-375-7

Eines tristen englischen Herbsttags trifft Nic mal wieder eine Entscheidung, die ihr Leben umkrempeln wird. Aber diesmal komplett. Wenige Monate später bricht sie per Anhalter auf in Richtung Byron Bay, Australien – und reist einmal kreuz und quer durch Europa und Asien.

Was sie unterwegs erlebt, wird sie ihr Leben lang begleiten: In Polen begibt sie sich auf die Suche nach ihrem entfremdeten Vater. Auf der Strecke zwischen St. Petersburg und Moskau rettet sie eine Rollstuhlfahrerin aus einem brennenden Auto, bevor sie als einzige Fahrgästin in die Transsibirische Eisenbahn steigt. In Kambodscha übernachtet sie mitten im Dschungel und in Malaysia in einem Geisterhaus. Jeden Tag aufs Neue lässt sie sich auf völlig unbekannte Situationen, Mitfahrgelegenheiten und Gastgeber ein. Sie setzt sich der absoluten Einsamkeit aus und begegnet Fremden, die gar nichts haben und doch so viel geben.

Eindringlich und humorvoll erzählt Nic in *aWay* von ihrem Vagabundenleben unterwegs, von der großen Kraft des Zufalls und von ihrer späten Einsicht: Um eine Reise wirklich zu verstehen, muss man an den Ort zurückkehren, an dem alles begonnen hat ...

CON BOOK.
www.conbook-verlag.de